Das Kochbuch aus Mecklenburg, Pommern & Ostpreußen

Gesammelt, aufgeschrieben und ausprobiert von

Fritz Becker

verlegt von
Wolfgang Hölker

ISBN 3-88117-015-4

© copyright 1976 by Verlagsteam Wolfgang Hölker,
D - 44 Münster, Martinistraße 2
Alle Rechte vorbehalten
Printed in Germany
Imprimé en Allemagne
Gesamtherstellung: Druckhaus Cramer, Greven

Inhalt

fig. 1

Heimatliche Küchenrezepte aus: Mecklenburg, Pommern und Ostpreußen

Die nun schon seit 30 Jahren während Teilung Deutschlands hat bereits viele der einst in täglicher hausfraulicher Praxis bewährten Küchenrezepte alter Haimatgerichte in Vergessenheit geraten lassen.

Einer solchen unerwünschten Entwicklung abzuhelfen, soll Sinn und Zweck dieses Buches sein, es soll dazu beitragen, beliebte alte Küchenrezepte aus den ostelbischen Provinzen im Kulturbereich der deutschen Schriftsprache zu erhalten und zu pflegen, damit sie als erhaltungswürdiges Kulturerbe an nachkommende Generationen weitergereicht werden können!

Mit dem vorliegenden Heimatkochbuch soll namentlich unserer Großmütter- und Urgroßmüttergeneration ein Denkmal der lieben Erinnerung gesetzt werden, denn es sind ihre Rezepte, die hier niedergeschrieben sind.

Diese alten Heimatrezepte aus Omas Küche, zu deren Entwicklung auch die Berufsköche um die letzte Jahrhundertwende soviel beigetragen haben, sollten wir neben unserer Pizza oder neben den Cevapiccis nicht vergessen, denn ein so herbes Schicksal haben sie nicht verdient.

Seien wir zu uns ehrlich, es wäre doch wirklich mehr als schade, wenn die alten, mit so vielen Erinnerungen beladenen heimatlichen Leibgerichte eines schönen Tages entweder ganz vergessen oder aus Gründen der Unkenntnis bis zur Unkenntlichkeit verstümmelt würden.

Gehen wir mit Hilfe dieses heimatkundlichen Kochbuchs ganz einfach mal zurück in das Paradies der Erinnerungen, werfen wir noch einmal einen Blick in die Kochtöpfe im östlichen Teil unseres Vaterlands, um Nachschau zu halten, womit Oma unseren Opa verwöhnt und erfreut hat und womit sie ihre zahlreiche, glückliche und gesunde Kinderschar an den häuslichen Familientisch gelockt hat.

9

fig. 2

NORD - DEUTSCHLAND,

TISCHE ÜBERSICHT

Gr.- Grenzmark „Posen-Westpreußen"

Deutsches Reich

A | Anhalt
B | Braunschweig
L | Lippe
R | Reuß
SchL | Schwarzburgische Lande
E | Ehem. Sächs. Herzogtümer
SchL | Schaumburg-Lippe
W | Waldeck

Mit Buchstaben bezeichnete Parzellen:
H Hannover BN. Hessen.- Nassau
MStr. Mecklenb-Strelitz O.Oldenburg
RL. Rheinland S. Prov. Sachsen

Orte von über 500.000 Einw.
        250.000
        100.000
        50.000
        10.000
        unter 10.000

Die Namen der Hauptstädte sind
unterstrichen.

100 Kilometer in der Natur · 33,3 mm auf der Karte

Greenwich

Ehemalige Länder und Provinzen Mecklenburg und Pommern

Im Altertum von germanischen Stämmen der Rugier, teils auch von den Guttonen besiedelt. 1707 aufgeteilt in Mecklenburg-Strelitz und Mecklenburg-Schwerin, 1815 Großherzogtümer Mecklenburg, 1919 Freistaat Mecklenburg, 1945 wurde Vorpommern an Mecklenburg angegliedert, Hinterpommern seither von Polen verwaltet. Die Mecklenburgisch-Pommersche Küche wird wesentlich bestimmt durch den Fischreichtum der Binnengewässer und den Fischfang in der Ostsee. Neben vielen Kohl- und Rübenarten erlangte auch die von Friedrich dem Großen eingeführte Kartoffel erhebliche Landesküchenbedeutung. Wogende Roggenfelder gaben der Landschaft ihren Charakter. Hinzu kommt der Wildreichtum der Flure und Forsten. Und die seit jeher hier bodenständige Geflügelzucht mit Gänsen, Enten, Puten und Hühnern sowie die Viehhaltung vorwiegend von Rindern und Schweinen haben den Charakter dieser heimatlichen Landesküche geformt.

Aus Friedrichs Töffelen, die am Anfang angeblich kein Hund freten wullt, hat man doch seine ca. 60 pommerschen Kartoffelrezepte erstellt, darunter natürlich auch die Heringskartoffeln, wozu Heringe in Buttermilch gewässert wurden. Pommerscher Kartoffelsalat wurde mit einer mehligen Stippe landesüblich angemacht. Stampfkartoffeln wurden ähnlich wie in der Lausitz und der Mark mit Buttermilch bereitet. Kümmelkartoffeln wurden mit halb und halb Butter und Kalbstalggehäck weichgekocht, dazu aß man kalten Braten oder Bouletten, Saure Kartoffeln nach pommerscher Art wurden mit Essig und gerösteten Speck- und Zwiebelwürfeln gekocht. Ein Gericht namens Kartoffeln mit Appelfett erlangte Beliebtheit, dazu wurden dünne Bauchscheiben in der Pfanne gebraten. In dem abgesetzten Fett briet man Apfelscheiben mit etwas Thymian dunstig und verrührte dies unter das Kartoffelmus als Beilage zu dem gebratenen Bauchfleisch. Zu den Übergußkartoffeln wurde die Brühe von Gänsepökelfleisch genommen, darin wurden recht viele

Zwiebelscheiben weichgedünstet. Von diesen Dunstzwiebeln wurde soviel über die angerichteten Salzkartoffeln gehäufelt, daß diese davon bedeckt waren.

Beliebt war auch Pommerns Braunes Kartoffelgemüse, eine Art Kartoffelgoulasch in Braunstippe angemacht.

Von ausgelassenem Speck, Fett und Mehl wurde eine braune Schwitze bereitet, abgerührt mit Gemüsebrühe, gewürzt mit Porree, Basilikum, Kümmel, Bohnenkraut, Zucker, Salz, Pfeffer und Essig. Darin wurden die Kartoffelstückchen eine halbe Stunde gekocht, zum Schluß kam frische gehackte Petersilie und Schnittlauch darüber.

Saure Kartoffeln zum deftigen Mittagstisch machte man so: Speck- und Zwiebelwürfel wurden in der Pfanne gebräunt, dann gab man Wasser und guten Essig dazu, diese kurzgehaltene Sauce goß man über den angerichteten Kartoffelbrei, dazu gab es frischen grünen Salat aus Mutters Kräutergarten.

Berühmt waren auch die einfachen Pellkartoffeln mit Grieben und Äppeln; Schweins- und Gänsegrieben wurden in der Pfanne erhitzt, ein bißchen Thymian dazu, die Äpfelstückchen wurden darin weichgegart, dann herausgehoben und die Grieben gebräunt; beides, Grieben und Appelstückchen, aß man zu den gepellten Kartoffeln.

Eine Besonderheit in Mecklenburg-Pommern sind wohl die Hefekartoffeln, wozu man Fett und Zwiebelwürfel in der Pfanne goldgelb andünstete, dann kam zerbröckelte Hefe dazu, gut umgerührt, mit Mehl angestäubt, zur dunklen Einbrenne angerührt, mit Brühe aufgefüllt, umgerührt, abgeschmeckt, mit Salz und Schnittlauch gewürzt. Nun der Clou: eine Auflaufform gebuttert, lagenweise Scheiben von kalten Pellkartoffeln und der Hefesauce einfüllen, zum Schluß obenauf Hefesauce und Butterflöckchen. Eine Stunde im Ofen backen und die Hefekartoffeln sind fertig.

Daneben gab es auch noch die Kartoffelpuffer wie in Berlin, die pommersche Eierpfanne, die würzige Kartoffelsupp', Mecklenburger Art, die Käs'chenpfanne, Kartoffelkuchen und selbstverständlich auch die Klöße aller Art, deren Entstehungsgeschichte weit ins Altertum zurückreicht, denn letztere entstanden einst aus dem puls, zu deutsch Brei!

13

Da haben wir die Würstchenklöße aus halb rohen, halb gekochten Kartoffeln, mit Eiern, Mehl und Salz wurden aus der Masse Würstchen geformt, in Salzwasser gekocht, dazu gab Mutter Schmorfleisch oder Bratleber mit Röstzwiebeln. Mecklenburgisch-pommersche Grießklöße wurden mit Dörrobst gegessen, es fehlten auch nicht die guten Hefeklöße, die waren von Schlesien, Thüringen und Preußen wohl über's ganze Ostdeutschland verbreitet.

Abgerührte Mehlklöße wurden von Mehl, Butter, Milch und Zucker heiß angerührt, in kochender, heller Brühe gekocht. Echt pommersche Mehlklöße aß man zu Obst, Pflaumen oder Birnensuppen, auch zu Schweinefleisch und selbsteingelegtem Sauerkohl, dazu wurden Milch, Eier, Mehl und Zucker zu einem dicken Teig gerührt, mit dem Eßlöffel stach man die Klöße in kochendes Wasser aus, worin sie bis zum Aufsteigen gargekocht wurden.

Was aber wären die Küstenprovinzen Pommern und Mecklenburg ohne ihre Fischgerichte gewesen?

In den Provinzen der Flüsse, Haffe und Seen kannte man an die ca. 70 Fischsorten, unvergessen die heimatlichen Inseln Usedom, Wollin und Rügen; die Bewohner auf Rügen, auch Rugianer genannt, verraten mit ihrem Namen schon die alte Abkunft aus dem Germanenstamm der Ruger und künden von den Jahrtausende alten Küchenbräuchen. Lassen wir ihn deshalb nicht in Vergessenheit geraten, den Rugianer Pökelaal, wozu die Pommern Päck Aal sagten, ein uriges Fischergericht aus der alten Heimat. Schon die Ortsnamen sagten viel, Heringsdorf an der Ostsee, schöne alte Erinnerungen, da gab es den Rugianer Hering, Goldbutt, Steinbutt, Seezungen, Hecht, Schleie, Karpfen, Barsche, Karauschen, Lachs aus der Ostsee, Krabben, Quappen, Hummer und natürlich auch Krebse, die in der alten deutschen Reichshauptstadt schon so berühmt wurden. Was gab es für herrliche Fischküchen in Stettin, Swinemünde, auf Wollin und anderswo; alte Telefonbücher, Karteien und Adressen künden uns von einer Zeit, die schon so lange zurückzuliegen scheint, verklärt wie ein Märchen aus Tausendundeiner Nacht, und daß es hier an der Küste auch das deutsch-seemännische Labskaus gab, wen wollte das wundern?

14

Pommern-Mecklenburgs feinster Fisch war wohl der Lachs. Man kochte ihn dort blau und dazu gab es Rheinwein. Der Salzwassersud wurde mit Lorbeer, Sellerieknolle, Petersilienwurzel und etwas Essig gewürzt, von dem Fond wurde eine köstliche Lachssuppe bereitet.

Eine frisch gekehlte Scholle aus der Ostsee, gebraten nach Müllerin Art, schmeckte so frisch und gut wie eine Seezunge. Hier waren auch Karpfen und Schleiegerichte auf polnische Art heimisch. Karauschen wurden gekocht, in einer Schüssel angerichtet, mit Petersilie und gehackter Raute bestreut, dazu aß man braune Butter und Stampfkartoffeln. Pflückhecht wurde in einer Sauce mit Kapern, Muskat, gehackten Sardellen und Petersilie angerichtet, abgeschmeckt mit Salz, Zitronensaft und Zucker.

Der Pannfisch wurde aus gewässertem Dörrfisch bereitet, den wolfte man mit Zwiebeln durch, wenn er gekocht war, und vermischte ihn unter Stampfkartoffeln, schmeckte mit Salz, Pfeffer und Butter ab, als Beilage aß man dazu Rauchfleisch vom Rind.

Selbstverständlich gab es auch den Hering, in saurer Sahne eingelegt, sowie den Pommern-Hering. Zu diesem wurde saure Sahne schaumig geschlagen, mit Salz und Pfeffer gewürzt, auf die Heringsfilets gestrichen, darüber Paprika, Petersilie und Schnittlauch gestreut.

Heringsmöpse mit Weißkäse machte man so: Heringsfilets von saurem Hering wurden mit Gurkenstücken und Kapern gefüllt, gerollt und gespeilert. Durchgedrückter Weißkäse wurde in Milch angerührt, in die Sauce mischte man feingehackte Trokkenpilze, Salz und Paprika, darin legte man die Möpse ein. Zum Anrichten kam Schnittlauch darüber.

Eine echte Attraktion waren in der mecklenburgisch-pommerschen Küche neben den Fischen von alters her die Erzeugnisse der Geflügelhaltung. Anders als in Berlin zur bismarckschen Epoche hieß es hier in plattdütscher Mundart:

Ne gaude bradne Gans is ne gaude Gabe Gods.

In Berlin sagte man: »Ne jut jebratne Jans is ne jute Jabe Jottes.«

Einer der vielen, vielen Beweise, hier nur auf philologischer und auf der Ebene der Küchengewohnheiten, die uns aber verraten, wie sehr die Sitten und Bräuche der ostdeutschen Stämme miteinander verwoben waren und das Berlin zum Ende des 19. Jahrhunderts durch die aus den Ostprovinzen zugewanderten Landsleute zum Sammelpunkt Ostdeutschlands schönster Leibgerichte geworden war.

Die Spitze pommerscher Geflügelspezialitäten war und ist und bleibt die Gänsespickbrust. Nach dem uralten Rezept werden die gezogenen Brüste 9 Tage in eine Salzlake gelegt, dann genäht und in den Rauch gehängt, wo sie goldgelb geräuchert werden; dabei lief Omas Familienmitgliedern schon das Wasser im Munde zusammen, wenn sie nur davon hörten! Die Gänsepökellake machte man so:

2 Liter Wasser kochen mit 250 g Salz, 25 g Zucker, 7 g Salpeter, dazu: zerdrückt 5 Pfefferkörner, 5 Gewürzkörner, 5 Wacholderbeeren. In der kalten Lake wurde das Gänsefleisch gepökelt.

Appelgriebenschmalz war eine so einfache, aber herrliche Sache, daß man sie der Nachwelt berichten muß. Aus Gänseflomen und Rückenfett, beides durchgewolft, wurde es hergestellt, indem man es auf kleiner Flamme im Topf ausbriet. Während des Vorgangs gab man einige geschälte Zwiebeln, Äpfel und ein Sträußchen Thymian dazu. Wenn Zwiebel und Äpfel braun waren, wurden sie herausgenommen. Das Fett wurde solange gebraten, bis die Grieben goldbraun waren, danach wurde es durchgeseiht. Den Topf setzte man nochmals auf den Herd und schmorte darin saure Apfelstückchen gar, verrührte sie mit einem Schneebesen oder Stampfer und mischte die Fettgrieben darunter. Mit einer Prise Salz und Zucker gewürzt, wurde es in verschlossene Gläser abgefüllt. Die Appelgrieben aß man zu Brot oder Kartoffeln.

Eine pikante Geflügelspezialität waren auch die geräucherten Gänsemägen, die zuvor in die Pökellake gelegt und dann im Rauch geräuchert wurden. Zerrieben oder gewolft wurden sie unter das Gänseschmalz gemischt und aufs Brot gestrichen, eine wirklich heimatliche Delikatesse. Seine Brattäubchen, die man heute kaum noch kennt (wohl wegen der vielen wilden Stadttauben), füllte man aus einer Masse von Leber, Magen, Herzen und geweichten Semmeln, darunter mischte man Salz, Petersilie und gehackte Mandeln. Damit wurden die Taubenleiber und Kröpfe gefüllt und die Tauben so gebraten.

16

In Hinterpommern war es Sitte, die Gänse mit Äpfeln und Kraut zu füllen. Urpommerisches Gänseweißsauer war etwas anders als das berlinerische. Hälse, Köpfe, Flügel, Herz und Pfoten wurden mit den sauber gereinigten Därmen umwickelt, dann in Salzwasser mit Zwiebel und Lorbeer gekocht, und wenn sie gar waren, in eine Schüssel plaziert. Die durchgeseihte Brühe wurde süßsauer abgeschmeckt und mit Geliermittel gestockt darüber gegossen. Zu diesem kalten Weißsauer aß man Bratkartoffeln. Beliebt war in Pommern und Mecklenburg auch der Krähenbraten. Dazu nahm man junge Saatkrähen, die Tiere wurden abgezogen, ausgenommen, gewaschen und 12 Stunden in Buttermilch gelegt, dann herausgenommen, die Brüste mit fettem Speck umwickelt, gefüllt und dann gebraten.

Wenn von pommerisch-mecklenburgischer Küche die Rede ist, kann unmöglich vom Wurschten und heimatlichen Wurstsorten geschwiegen werden. Rügenwalder Teewurst, wer kennt sie nicht? In aller Welt wurde sie bekannt!

2 Teile Bauchfleisch, 1 Teil mageres Schweinefleisch, aufs Kilogramm 32 g Salz, 2 g Pökelsalz und 2 g Rauchsalz, weiter pro Kilo: 2 g gemühlten weißen Pfeffer, 1 g Rosenpaprika edelsüß, alles feinstens gewolft und zur guten Bindung vermengt, dann in Zellodärme füllen, 3 Tage in kaltem Rauch vorrösten, anschließend in Kaltrauch goldgelb räuchern.

Bratwurst von Schweinsgehäck, dieses mit Eigelb, Spritzer Kognak, heißes Wasser, Salz und Pfeffer vermischt in Därme gefüllt, ist Pommerns Bratwurst, dazu ißt man Stampfkartoffeln, in denen Apfelstücke mitgekocht und mitzerstampft wurden. Das Gericht heißt Himmel und Erde und ist auch sonst an deutscher Ostseeküste bekannt, z.B. in Lübeck. Von der Leberwurst nach Bauernart gibt es gleich mehrere Sorten, die feine Landleberwurst, Sardellenleberwurst, Gallert-Leberwurst und Trüffelleberwurst.

Grützwurst wurde zum Schlachtefest gemacht, man nahm vom Leberwurstfleisch ein wenig ab, kochte nebenher Grütze in Brühe, vermengte beides, gab Rosinen, Salz und Zucker wie etwas Blut dazu, füllte es in Därme und kochte diese Grützwurst im Wasser bis zum Aufsteigen.

In Pommern war auch die Brägenwurst beliebt, ebenso wie

Lungwurst und Schmorwurst. Zur Lungwurst wurde blutiges Fleisch und die Lunge zweimal gewolft, gewürzt mit Majoran, Nelken, Pfeffer, Kümmel und Salz, alles vermengt, in runde Därme gefüllt, wo man es 3 Tage lang in Zugluft trocknen ließ. In Kartoffelsuppe oder auch in Erbsensuppe wurde die Lungwurst gekocht. Wurst von Hirsch oder Reh war eine erlesene Delikatesse. Man nahm 3 Teile Wildfleisch, durch Mittelscheibe gewolft, dazu 1 Teil Speckwürfel, gewürzt wie Dauerwurst.

Eine andere Methode bestand darin, gepöckelte Fleischstücke von Rotwild mit Speck zu umwickeln und so im Rauch zu räuchern.

Neben pommerschen und mecklenburgischen Schweinebraten, Hammelbraten, gefüllten Schweinsrippchen, Kalbskopf, Zungenragout, Sauerbraten und anderen Heimatgerichten gab es selbstverständlich auch geräucherten Kalbsbraten, der auch im Altertum nicht unbekannt war.

Kalbskeule, Blatt, Rücken oder Brust wurde während 9 Tagen eingesalzen, an die Kühle gelegt, dann kurz im Wasser gewässert, anschließend 5–6 Tage in kalten Rauch gehängt. Von der Keule konnte man wie vom Rauchschinken verbrauchen, das übrige gab gekocht oder gebraten einen köstlichen Geschmack.

Vom Wildreichtum Mecklenburgs oder Pommerns zu schwärmen, hieße Eulen nach Athen tragen. Wildgerichte und Mahlzeiten vom Stallhasen (Kaninchen) hatten hier ihre ureigenste Heimat neben den Pilzgerichten von Morcheln, Steinpilzen, Pfifferlingen, Champignons, Reizker; jedoch gab es noch weitere Arten in Pommerns Wäldern, so Birkenpilze, Stoppelpilz, Brätling, Ziegenbart und selbst die seltene Trüffel. Pilze wurden von Pommerns Hausfrauen auch getrocknet und zum Winter verwahrt, wo sie besonders gern zu Wildsaucen und Hammelsaucen Verwendung fanden.

Während kurz vor Ende des 19. Jahrhunderts in Mecklenburg Kaffee aus gerösteten Roggenkörnern oder auch Eichelkaffee in Mode war, hatte trotz des Geldwertes und Friedrichs des Großen Kaffeeschnüfflern auch der Bohnenkaffee in Pommern seinen Siegeszug angetreten. Bei Frauenkränzchen in der guten Pommernstube war er ebenso wie bei sommerlichen Erntearbeiten beliebt. Tee trank man, wie könnte es wundern, gern mit Sahne, was gut schmeckt, oder mit reichlich viel Rum.

Da Weinreben in dem herben Klima nicht wuchsen, machte man seinen Wein aus Kirschen, Johannisbeeren, Äpfeln und auch aus Rhabarber. Die Urheimat des Rhabarbers war die südliche Wolga, sie hieß im vorgeschichtlichen Altertum R h a !

Obstweine wurden ein Jahr gelagert, dann hatten sie die nötige Reife. Seinen Magenbitter machte man selbst aus Wermutessenz und einem ländlichen Korn, den wir heute den fürstlichen nennen. Opachen wärmte im kalten Winter einst damit seinen Magen; auch beim Glühwein holte man sich neue Kraft.

Das Eyerbier findet in einem Rezept aus dem 17. und 18. Jahrhundert seine bezeugende Stütze; aus hellem oder dunklem Bier wurde mit Eigelben, Zucker, Ingwer, Zimt und etwas Wasser eine Mischung gerührt, die man auf dem Feuer bis kurz vorm Kochen erhitzte. Man trank sie vor dem Zubettgehen.

Noch vieles andere mehr müßte der Chronist über Mecklenburg-Pommerns Heimatgerichte berichten. Das Bild Pommerns und Mecklenburgs vor Augen, grüße ich die alte Heimat und jene, die mir beratend zur Seite standen, um weiterzueilen zur nächsten Provinz: unserem unsterblichen, unvergessenen Ostpreußen!

fig . 3

R. Voigtländer's Verlag in Leipzig

Maßst. 1 : 5,600000

Brandenburg-Preußen

BRANDENBURG-PREUSSEN
1415 bis 1869.

Erklärung der Farben.

- Die Stammlande unter Kurfürst Friedrich I. 1415-1440.
- Erwerbungen bis auf Friedrich den Grossen 1440-1740.
- Erwerbungen Friedrichs des Grossen 1740-1786.
- Erwerbungen von 1786-1861.
- Erwerbungen unter König Wilhelm I. 1865-1866.
- Wieder abgetretene Landesteile.

Druck von Rudolf Loës in Leipzig.

Ostpreußen mit Memelland und ehemals Freistaat Danzig

Unsere verlorengegangene unvergessene Provinz Ostpreußen, die östlichste ehemalige deutsche Provinz, heute unter polnischer, teils unter russischer Verwaltung stehend, war einst durch Westpreußen mit dem Mutterland verbunden, nach dem 1. Weltkrieg aber vom Mutterland durch den polnischen Korridor getrennt. Einstige Heimat vieler köstlicher Nostalgiemahlzeiten, die auch unsere Zunge und nicht nur dem Herzen sagen, was wir verloren haben!

Beliebte und volkstümliche Mahlzeiten hat es uns geschenkt, das Land mit seinen masurischen Seen, mit seinen Haffs und seinen Nehrungen. Wer kannte es nicht, das Königsberger Marzipan, die Königsberger Klopse oder die Königsberger Fleck, die Fleckstuben im Königsberger Hafenviertel? Ortsnamen wie Allenstein, Ortelsburg, Elbing, Braunsberg, Insterburg, Gumbinnen, Goldap, Rominten, Trakehnen, Eydtkuhnen, Tilsit, Memel, Seebad Cranz, Elbing, Marienburg, Marienwerder und Lyk sind in unvergeßlicher Erinnerung, denn von der Maas bis an die Memel reichten einst die Grenzen des Deutschen Reichs, und soweit gespannt war auch der Bogen deutscher Heimatküchen. Wo aber einst die deutsche Hausfrau am heimischen Herd ihre Heilsberger Keilchen bereitet hat oder Wildenten nach Masurischer Art, da kocht nun die polnische Hausfrau vielleicht ihre Chotodrice und die russische Hausfrau vielleicht ihre Piroggen von Hirse oder die Smolenska Kascha, und ewig singen die Ostpreußischen Wälder seit guttonischen Zeiten ihr Lied!

Eine Ehrenrettung für Ostpreußens Küche? Einen Nachruf vielleicht auf das, was an deutschen Küchenbräuchen dort entstanden war? Nein, das braucht es nicht. Die alten Gerichte Ostpreußens hatten und haben ihren angestammten Platz unter uns, haben ihn sich längst erobert und weltbekannt gemacht wie ostpreußischen Bernstein oder die berühmten Trakehner Pferde, und wir werden die auf alten vergilbten Blättern in Octavien oder Dyarien stehenden Küchenrezepte weiterreichen an die,

die nach uns kommen. Und auch dieses Buch wird noch in Jahrhunderten, vielleicht auch in Jahrtausenden in den Regalen der Archive stehen und der Nachwelt berichten vom Heimatbrauchtum aus schweren Zeiten. Dann wird man uns messen und beurteilen, wie wir heute Vergils Georgica oder die Pergamente des Columella in den Zimelien ehrfürchtig bestaunen und würdigen. In unserem Zeitalter der Supermärkte und Tiefkühltruhen gibt es so vieles, was unsere Gaumen erfreut, aber ein Schlesisches Himmelreich, ein Danziger Handwerker-Essen oder ostpreußischen Schmandschinken aus der Tiefkühltruhe, das gibt es noch nicht, und deswegen muß es Bücher geben wie dieses und Verlage, die diese Kulturarbeit dankenswerter Weise leisten!

Die Küche Ostpreußens hat viel Verwandtes mit der pommersch-mecklenburgischen Küche, das ist verständlich und geographisch logisch. Landschaft, Klima und Boden formen den Menschen und seine Ernährung, und dies zeigt uns Ostpreußen sehr deutlich. Ein Rumtopf, wo hätte er besser hingepaßt als in den masurischen Winter. Das Langessen Betenbartsch, so artverwandt mit der russischen Borscht, hier war sie so zu Hause wie auch der Rigaer Stopfkuchen von den baltendeutschen Minderheiten. Danziger Stremellachs, Danziger Goldwasser, Traditionen, die heute im Westen unseres Vaterlandes fortgesetzt werden, Tilsiter Käse, fast selbstverständlich eingegangen in unseren Sprachgebrauch und in unsere Verzehrsgewohnheiten wie ostpreußischer Bärenfang oder Nikolaschka.

Und auch hintergründiger Humor war Ostpreußens Essensbräuchen erfrischende schmunzelnde Beigabe. Wer hätte nicht von dem Mariellche aus Ostpreußen irgendwann einmal gehört oder von dem astpreißischen Maanche, der döm Stadtbesuch auf dem Lande die Kartoffelfelder erklärt und zu ihm sagt: »Also, das Feld da mit die weißen Blüten, dat sind de Salzkartoffeln, und dat mit die roten Blüten, dat werden die Pellkartoffeln.« Essen und Gastfreundschaft, das waren für die alten Ostpreußen hohe Werte, fast wie ein Gottesdienst, und ihr Essen war stets so gut, daß man ehrlich sagen konnte: tom hukkebliewe! Urwüchsige deutsche Hausmannskost, sie hätte ihre germanischen Ursprünge niemals verleugnen können in dieser östlichsten deutschen Grenzprovinz.

23

An Geräuchertem und Wurstigem bestand in Ostpreußens Haushalten und Bauernhöfen nie Mangel, Schmand war ein unentbehrlicher Küchenartikel (Rahm und Sauerrahm), wobei dem Küchenkundigen auffällt, daß hier offenbar Sprach-Assoziationen zum böhmischen südlichen Kulturkreis bestehen mußten, wo man zum Schmand heute noch Schmetten sagt, wie einst in der KuK-Donaumonarchie.

Schmand brauchte man zu Bratensaucen von Wild, Schlachtfleisch und Geflügel, aber auch zum Gurkensalat mit viel grünem Dill.

Überhaupt ist Dill eines der beliebtesten Küchenkräuter in Ostpreußen gewesen, wohl eine Anleihe aus dem nicht allzu fernen Finnland, wo bekanntlich das finnische Dillfleisch auch eine Nationalspeise ist. Auch Meiran (Majoran) war ein beliebtes und oft gebrauchtes Würzmittel, was sich besonders bei Fleckmahlzeiten zeigte, wo neben dem Klacks Senf direkt ein Schälchen gerebbelten Meirans auf den Tisch kam. Ostpreußische Leberwurst vom Landgut ohne Meiran wäre so unmöglich gewesen, wie die berühmten Breslauer Würstchen ohne Majoran zu machen.

Eintöpfe und Suppen nannte der Ostpreuße »Lange Gerichte«, dazu zählte er seine Fleck, den Sauerampf (Sauerampfersuppe), Erbsen mit Speck (seit Jahrtausenden die Suppe des deutschen Mannes!), Wrukeneintopf (Steckrübeneintopf), natürlich auch den Betenbartsch, den man die deutsche Borscht nennen könnte, Gänsegekröse, ein Gänsekleineintopf mit Kartoffeln gekocht, und Bettelmannssuppe, wobei der Name aber täuscht, denn dazu brauchte man Rindersuppenfleisch, Suppengrün, Graupen, Zwiebeln, Kartoffeln, Petersilie und Gewürz, alles Dinge, die heute nicht mehr billig sind.

Das Abfischen der ostpreußischen Seen und Flüsse, dazu die Fänge aus der Ostsee, brachten eine so große Bereicherung des Küchenzettels wie in Pommern und Mecklenburg. Bekannt waren die Cranzer geräucherten Flundern und Haffzander aus dem Frischen Haff und Kurischen Haff. Den Haffzander kochte man mit Vorliebe in einem Sud von Suppengrün, mit Zitronensechstel, Petersilienwurzel, Lorbeer, Gewürzkorn, Zwiebeln, Salz etc. Dazu gab es reichlich zerlassene Süßrahmbutter, Schmandmeerrettich, Dampfkartoffeln, mit viel grünem Dill bestreut, und als Garnitur hartgekochte feingekochte Eier, ein Tulp'che Bier dazu, ein echtes Ostpreußen-Gedicht!

Butterfische oder Kaulbarsche wurden ebenfalls in einem Sud mit Suppengemüse und Gewürzen gekocht, dazu machte man mit viel Butter eine Mehlschwitze, die man mit Sud vom Fisch und viel Schmand auffüllte. Legiert wurde die Sauce mit recht viel Eigelb. Viel grüner Dill wurde darunter gezogen, abgeschmeckt mit Salz, Zucker, Essig, Zitrone und Weißwein. Als Beilage aß man Dampfkartoffeln und wieder den Schmandmeerrettich. Ostseedorsche wurden in allen Variationen bereitet, die reichen Anlandungen machten ihn fast alltäglich. Heute ist er knapper und teurer. Auch geräuchert war er eine echte Delikatesse.

In Ei und Semmelbrösel paniert, dann in ausgelassenen Würfeln von Magerspeck gebraten, war der Dorsch landesüblich beliebt, dazu gab man Kartoffeln, grünen Dillsalat und ein Glas Joghurt zum Tranke.

Schmandheringe ostpreußischer Art wurden in Sahne mit Zwiebelringen und Apfelstückchen eingelegt, in die Sahnemarinade legte man feingeschnittenes Kalbfleisch mit ein, das man vorher mit Suppengemüse gekocht hat.

Bressen, Karpfen und Schleie wurden in Ostpreußen die Bierfische genannt. Vom nahen polnischen Brauch beeinflußt, kochte man sie in Biersauce, wie in anderen deutschen Provinzen unter Verwendung von Bier und Lebkuchen mit Zucker und Zitronensaft gewürzt. Die Fischportionen legte man angerichtet auf frische grüne Salatblätter und streute viel grüne Petersilie darüber.

Lachs aus der Ostsee ist ein wirklicher Edelfisch. Er wurde wie im nahen artgleichen Danzig nicht nur zum Räuchern oder Beizen verwandt, wie es die sibirischen Holzflößer taten, man kochte ihn auch wie in Pommern in einem Sud mit Suppengrün und den üblichen Gewürzen. Von dem edlen Lachsfond wurde mit heller Mehlschwitze eine Sauce bereitet, die mit Eigelben und Sahne reichlich legiert wurde. Angerichtet wurden die Tranchen des Edelfisches auf grünen Salatblättern, die Ränder wurden garniert mit Zitronenscheiben und Scheiben von hartgekochten Eiern, ferner legte man Krebsschwänze und krause Petersilensträußchen mit an. Die Kartoffeln dazu wurden in Süßrahmbutter angeschwenkt.

Voll wie ein Stint, wer hat die Worte nicht schon gehört, aus Ostpreußen stammen sie, wo man die Stinte auch gekocht und gebraten hat. Verkauft wurden die Stinte auf dem Königsberger Fischmarkt nicht nach Gewicht, sondern nach Maß. Man briet sie in einem Fettgemisch von Butter und Magerspeckwürfeln ähnlich wie in Blankenese oder in Finkenwerder im Hamburgischen.

Hechte bereitete man gern gefüllt mit einer Füllung von Fischfleisch, Ei und Semmeln. In würzigem Sud gekocht oder in der Röhre gebraten und mit Schmand übergossen, war er ein herrliches Gericht, zumal wenn noch Krebsschwänze und Champignons beigegeben wurden. Fischerklopse wurden an der Küste von gewolftem Fischfleisch mit eingeweichten Semmeln und Eiern bereitet, gewürzt mit Salz, Pfeffer und Zitrone, flachgedrückt, geformt und in magerem Würfelspeck ausgebraten.

Von den Fleischgerichten sind die folgenden landesspezifisch zu nennen: Der Gänsebraten, das Gänseschwarzsauer, das aber anders als in Berlin und ähnlich dem pommerschen Schwarzsauer mit Schweinsblut und Backobst bereitet wurde, dazu aß man Keilchen, hergestellt aus Milch, Mehl, Butter und Eiern, mit nassem Esslöffel in kochendem Wasser abgestochen und darin gekocht. In Memel aß man Kartoffelklöße zu dem Gänseschwarzsauer.

Zum Osterfest hatte sich der Brauch eingebürgert, geschmorte Hammelkeule zu essen. Die Hammelkeule wurde vor dem Braten einige Tage in Buttermilch eingelegt.

Die Gans kam übrigens als Martinsgans ab dem 11. November auf Ostpreußens Tafeln.

Schmandschinken war so genannt, weil er mit einer aus dem Bratfond gezogenen Sahnensauce gereicht wurde. Das geschmorte Schweinefleisch mit Backpflaumen erinnert uns, wie so manches andere, an die Pommernbräuche.

Kumst war der ostpreußische Ausdruck für des Deutschen vielgeliebtes Sauerkraut, weswegen uns ja die Amerikaner auch die Krauts nennen. Nun gab es dort ein Gericht, welches Schweinefleisch mit Kumst hieß, Bauern und Knechte waren dort einhellig der Meinung, daß der Kumst nur gut schmecke, wenn man durch ihn eine Sau »hindurchgejagt« habe. Nach Casseler Art geräuchertes Schweinefleisch wurde zusammen mit Sur Kumst gekocht, wenn es weich war, herausgenommen, und der Sauerkohl wurde mit geriebener Kartoffel und saurer Sahne vollendet, gewürzt mit Salz, Pfeffer und Zucker. Selbstverständlich mußte man Kümmel im Sauerkohl mitkochen.

Der Wildreichtum der Ostpreußischen Wälder und die herbstlichen Treibjagden hatten ferner die Ostpreußentafel wie in anderen deutschen Landen namentlich zur Winterszeit bereichert, gab es doch bis vor nicht allzulanger Zeit dort sogar noch den Elch unter den jagdbaren Tieren.

Fleischteile von Elch, Wildschwein und Rotwild sowie Hirschkeule und Rehkeule wurden landesüblich auch geräuchert. Geräucherter Hirschschinken mit Landbrot, Landbutter und Handmühlpfeffer, auf Holzteller serviert, ist eine unvergleichliche Delikatesse, ebenso geschmorter Hase in Schmandsauce mit Wruken, und zum Nachtisch Marzipanstriezel oder Glumstorte (Quarktorte ohne Boden).

Fasan wurde wie anderswo mit Speck umwickelt, gebraten und mit Sur Kumst angerichtet, alte Rebhühner wurden im Fond weichgeschmort und in Linsensuppe serviert.

Wildschweins- oder Frischlingsbraten war mit Gelbröhrchen (Pfifferlingen) oder Steinpilzen in Petersilienschmand ein echtes Herrengericht und Jägeressen, dem auch Hindenburg, der Sieger von Tannenberg, so gern zusprach. Auf seinem Gut Neudeck in Ostpreußen hatte er seinen Wohnsitz, von wo zu mancher Treibjagd geblasen wurde.

Auch Schmorkohl, von Weißkohl unter Verwendung von Gänseschmalz und Äpfeln bereitet, wurde von den Herren gern zum Wildbraten genommen. Natürlich kam nach ostpreußischer Art auch Meiran daran. Es schmeckt gut, wer es nicht glaubt, kann es ja ausprobieren.

Wo viel Landwirtschaft ist, da gibt es viel Milch, und wo es viel Milch gibt, da ist auch Quark. In Ostpreußen wurde er Glumse genannt, er war billig, viel viel billiger als heute in unserer EWG. So gab es darum eine Menge Glumsrezepte in Stadt und Land.

Glumsnudeln, Glumsflinsen (Flinsen = Plinsen), Glumskäs'chen = Quarkklöße, Glumskeilchen, Glumsbutter, Schmandglumse mit Pellkartoffeln, Apfelglumse mit masurischem Honig und und und!

Butterglumse diente als Brotaufstrich, dazu wurde Quark mit Landbutter glattgerührt, dann kam noch Schnittlauch, ger. Meerrettich, Salz, Pfeffer, Zucker und Zitronensaft darunter.

Zur Einlage für die Brühe wurden auch Glumseklößchen gemacht aus Butter, Milch, Mehl, Ei, Semmelmehl. Petersilie, Salz und Pfeffer.

Die Glumskeilchen wurden aus Butter, Quark, Panierbrot, Eiern, Salz, Zucker und Zimt gemacht. Daraus formte man Klöße, die in Wasser gekocht wurden. Auf Tellern angerichtet, wurden sie mit warmer Pflaumensauce bekränzt und ergaben so ein köstliches Essen, das manchen an seine ostpreußische glückliche Kinderzeit erinnern wird.

Die Glumskäs'chen erinnern beinahe an die Schriften des altrömischen Vergil und seine Dichtungen über den Landbau: Aus Quark und Sahne, vermischt mit gehacktem Kümmel, Schnittlauch und Petersilie, wurden runde Käß'chen geformt, die man zum Butterbrote aß.

Die Glumsflinsen wurden mit Butter, Zucker, Quark, Mehl, Zitronenabrieb, Korinthen und Zimt zu einem Teig verknetet, daraus flache Flinsen geformt, die man in der Pfanne in aufsteigender Butter auf beiden Seiten goldgelb buk; herrlich, davon zu verkosten.

Buttermilchflinsen wurden mit Mehl, Salz, Eiern und Zucker angerührt, davon buk man in der Pfanne in aufsteigender Butter Pfannkuchen aus. Nachmittags zum Kaffee und mit Zucker bestreut, wurden sie gern und oft gegessen.

Zum Abschluß der Plauderei über ostpreußisch-masurische Küchen- und Tafelgewohnheiten wollen wir nun noch sehen, woran und womit sich dort der Opa besoape (besoffen) hat, wie man in Ostpreußen zu sagen pflegte. Vielleicht wird das auch die Enkel interessieren, die heute in Hessen, Bayern, Berlin, Hamburg, Holstein oder in Westfalen aufgewachsen sind.

Zun den warmen alkoholischen Getränken, die besonders in der kalten Winterszeit mit ihren manchmal 30 Grad unter Null oder

28

auch mehr angezeigt waren, zählten der Teepunsch, Eiergrog, Memeler Milchpunsch, Warmbier und Seehund. Was wir in anderen deutschen Landen als Grog bezeichnen, hieß in Ostpreußen Maitrunk.

Das Warmbier, das im alten Preußen gang und gebe war, selbst Friedrich der Große wurde damit auferzogen, wie man weiß, wurde auch in Ostpreußen von dunklem oder hellem Bier bereitet. Mit Zucker, Zitronensaft und einigen Eigelben wurde es geschlagen und bis kurz vor dem Aufkochen auf dem Herde gerührt.

Der Memeler Milchpunsch wurde so bereitet:
Arrak, Rum, Zucker, Vanille und Zitronenschale wurden zusammen auf dem Herd bis kurz vorm Kochen erhitzt, dann zurückgezogen und unter ständigem Rühren wurde Milch zugeschüttet.

Den Teepunsch machte man aus schwarzem russischem Tee mit einem kräftigen Zuschuß von Rum und Rotwein.

Zum Eiergrog rührte man Eier und Zucker schaumig, dann goß man Milch dazu, zum Schluß halb und halb Rum und Arrak. Das Gemisch machte man auf dem Herde heiß und trank es aus Groggläsern.

Zu den sonstigen hochprozentigen Sachen zählte der Pillkaller, ein Getreidekorn. Darin legte man eine Scheibe Hausmacher Gutsleberwurst, darauf einen Klacks Mostrich. Erst aß man die Scheibe Wurst, den Klaren spülte man nach.

Kosakenkaffee ist ein weiteres der speziellen ostpreußischen hochprozentigen Nationalgetränke, besonders gut schmeckt er, wenn man einen Tupfen Süßrahm hineingibt. Eisbrecher ist aus erhitztem Rotwein, Arrak oder Rum und Zucker bereitet.

Klarer mit Pünktchen ist ein Korn mit Himbeersaft.

Machandel war so beliebt wie in Danzig das »Goldwasser«. Machandel, ein Wacholderschnaps, wird eingeschenkt, dazu gibt es Trockenpflaumen mit Speiler.

Nikolaschka, ein echtes Ostpreußengetränk, war ein Glas Weinbrand oder Kognak, darin eine Scheibe Zitrone, mit Zucker bestreut. Erst lutschte man die Zitronenscheibe aus, dann spülte man den Brandy nach. Heute müßte man darauf achten, daß man auch ungespritzte Zitronen dazu nimmt – so ändern sich die Zeiten!

Überliefert ist die Geschichte von einem Ostpreußen, der zu seinem Hausarzt sagte: »Sehen Sie sich bloß meine krummen Finger an, Herr Doktor, ich kann damit das Schnapsglas gar nicht mehr loslassen.«

Das war Ostpreußen und seine Küchenbräuche, und nicht nur das. Soviel hat es in der Vergangenheit seinem Mutterland geschenkt. Unseren großen Sohn Immanuel Kant mit seiner Kritik der »Reinen Vernunft«, Königsberg war die Krönungsstadt Friedrichs des Großen, der sein Jahrhundert bestimmt hatte, und Luise, unsere große Preußenkönigin, nahm von Tilsit im Memelland den Kampf um Deutschlands Freiheit auf mit ihren unvergessenen Aufrufen an die Deutsche Nation.

Es war einmal!

Nachdem Ostpreußen und Hinterpommern ebenso wie Schlesien nicht mehr zu unserem Staatsverband gehören und unser Vaterland darüber hinaus seit nunmehr 30 Jahren geteilt ist, bleiben uns nur noch die Erinnerungen an die alte Heimat, die ja in Wahrheit das Land der Kindheit ist, voller rätselhafter Klänge und Träume, die der Verstand nicht faßt, wohl aber das Gemüt.

Von dem wenigen, das manchen Mitbürgern an die einstige Heimat noch verbleiben kann, zählen wohl die Erinnerungen an die alten liebgewordenen heimatlichen Kochkünste der Mutter und Großmutter. In diesem Sinne soll das vorliegende Heimatkochbuch für alle Freunde und Liebhaber ostelbischer Heimatküchen ein Vermächtnis sein.

Dem Verlag Wolfgang Hölker und seinem jungen Team in Münster sei Dank gesagt dafür, daß er sich der nicht leicht zu lösenden Aufgabe gestellt hat, die mit der Herausgabe eines solchen Heimatkochbuches verbunden ist.

Allen Leserinnen und Lesern wünscht der Autor Freude und gutes Gelingen bei der Erprobung der traditionsreichen Küchenrezepte. Vorschläge und Zuschriften, die der Verbesserung und Ergänzung dieses Buches dienen können, werden Verlag und Autor dankbar entgegennehmen.

Berlin, den 30. März 1976   *Fritz Becker*

Notizen & weitere Rezepte:

fig. 4 **Heimatküche au**

Alte Weiber (Graue Erbsen) *Wüer fröfner wär!*

Eine derbe, besonders von Herren im Winter bevorzugte Zukost zu allerlei Fleischgerichten und Wildbraten.

4 Personen

500 g graue Erbsen am Vorabend einweichen, Wasser reichlich überstehen lassen, 75 g mageren Rauchspeck in Würfeln, 2 Eßl. Zwiebelwürfel, 2 Eßl. Mehl, 1 Teel. gerebbelten Majoran; zum Würzen Salz, Pfeffer, Prise Zucker und guten Weinessig

Die Speckwürfel im Topf anbraten, dann die Zwiebelwürfel mit anschwitzen lassen und die Erbsen mit dem Einweichwasser zugießen, zugedeckt weichkochen lassen.

Den Kochvorgang öfters kontrollieren, der Kochfond soll kurz gehalten sein, so daß die Erbsen eine Gemüsebeilage ergeben und später nicht suppig auf dem Teller verlaufen.

Sobald die Erbsen weich sind, bindet man sie mit dem angerührten Mehl, gibt den Meiran dazu und würzt mit Salz, Pfeffer, Zucker und Essig herzhaft.

Als Beilage legt man zu diesem Erbsengemüse zwei Salzkartoffeln am Rande an. Ostpreußens Herrenwelt aß zu diesem derben Erbsengemüse besonders gern Sauerbraten, ein Essen, das so richtig in die ostpreußische Landschaft paßte.

Schon 1844 hatte Henriette Davithis dieses herzhafte Gemüse in ihren altdeutschen Rezepturen beschrieben, sie wiederum hatte es von ihrer Großmüttergeneration übernommen. Mithin also stammt das Gericht mindestens aus der Epoche Friedrichs des Großen, ein Beweis, wie sich alte Küchenbräuche fortpflanzen.

Buttermilchflinsen

4 Personen

275 g gesiebtes Mehl, 3 zerquirlte Eier, Prise Salz, $3/8$ l Buttermilch.
Zum Braten: 100 g Butter, 100 g Zucker zum Bestreuen

Unter ständigem Rühren von der Buttermilch, dem Mehl und den zerquirlten Eiern eine dickliche Eierkuchenmasse mit dem Schneebesen anrühren, dabei die Prise Salz nicht vergessen.

In der Stielpfanne eine Flocke Butter heiß werden lassen und dann mit der Schöpfkelle eine Portion von der Masse einlaufen lassen, so daß man eine runde Flinse erhält. Die Masse bis zum Pfannenrand verlaufen lassen. Wenn die Flinse an der Oberfläche genug gestockt ist, umschwenken und auch auf der anderen Seite goldbraun Farbe nehmen lassen. Ungeübte können sich dazu eines Pfannenmessers (einer Palette) bedienen. Man serviert die ausgebackenen Flinsen auf Tellern und bestreut sie nach Belieben mit Zucker oder auch mit Zimtzucker.

Es ist auch üblich, statt des Streuzuckers gedünstetes Beerenobst zu den Buttermilchflinsen zu essen.

Eingelegter Ostseehering nach Stralsunder Art

4 Personen

Dort „Königsbergne Bör dazu.

1000 g Heringe mittlerer Größe ausgenommen, geschupt und gesäubert, 100 g geschälte Zwiebeln in Scheiben, 1 geschälte Zitrone, in Scheiben geschnitten, 3/4 Eßl. Essig, 1/2 l helles Bier, 2 Eßl. Mehl, 4 Eßl. Öl; zum Würzen Salz, Pfeffer, Prise Zucker

Die küchenfertigen, gut abgetropften und getrockneten Heringe werden mit Salz und Pfeffer gewürzt, dann in Mehl gewälzt und in heißem Öl in der Stielpfanne unter öfterem Wenden durchgebraten, so daß sie eine schöne braune Farbe nehmen.

Die Heringe werden dann in eine Schüssel plaziert, wo man die Zwiebelscheiben und Zitronenscheiben dazwischenlegt, dann gießt man den Essig und das Bier darüber und läßt sie bis zum Verzehr einen Tag lang marinieren.

Diese Zubereitungsart ergibt einen besonders köstlichen, prikkelnden Geschmack.

Das Rezept stammt aus dem Fischerdorf Heringsdorf, das früher beliebtes Urlaubsziel der Berliner war. Friedrich Wilhelm IV. taufte den Ort auf diesen Namen, als er 1820 die Inseln Wollin und Usedom besuchte.

do wüll ick'n Schlag
röhrum!

Falscher Gänsebraten

Ein echt pommersches Heimatessen, das allerdings nichts mit der Gans zu tun hat, die nicht nur der Pommern, sondern der Deutschen liebstes Federvieh ist. Die Namensgebung rührt davon her, daß man die Rippchen vom Schwein in gleicher Weise füllt und brät, wie es ab dem Martinstag mit dem pommerschen Gänsebraten geschah; denn auch da mußten die Plummen immer dabeisein, so auch hier bei den gefüllten Schweinsrippchen.

4 Personen

1000 g frische Schweinsrippchen, 200 g Backpflaumen, 2 große saure Äpfel, geschält, entkernt, in Scheiben geschnippelt, 80 g geriebenes trockenes Schwarzbrot, 3/4 Tasse Fleischbrühe, Prise Zimt und Kardamom, 1 KL Zucker, Salz, Pfeffer und edelsüßen Rosenpaprika, 2 Eßl. Mehl

Es empfiehlt sich, für diesen Zweck beim Fleischer ein schönes breites Rippchenstück zu bestellen, daß sich zum Füllen eignet.
Man schneidet das Rippchenstück von der Seite her auf, so daß man eine Fülltasche erhält. Sodann bereitet man die Füllung, dazu gibt man die Backpflaumen und Apfelschnitze in eine Schüssel, streut das Reibebrot darüber, gibt den Zucker, eine Prise Salz, den Zimt und etwas Kardamom dazu, vermischt alles und übergießt es mit der heißen Brühe, alles zusammen gut vermengen und in das Rippenstück einfüllen. Die Füllöffnung an der Seite wieder zunähen. Das Rippenstück nun salzen, pfeffern und mit Rosenpaprika einreiben, in eine Ofenpfanne legen, mit wenig Wasser angießen und in den vorgeheizten Ofen von 225 Grad einschieben. Farbe nehmen lassen, wenden, den Braten fleißig mit dem Bratfond begießen, jeweils Wasser nachgießen und den Vorgang unter Kontrolle halten. Nach ca. 1 1/2 Stunden ist der Falsche Gänsebraten weich, man nimmt ihn heraus, legt ihn warm und löscht den Bratsatz mit Wasser oder Brühe ab, den Bratenfond bindet man mit etwas angerührtem Mehl und schmeckt ihn schlicht mit Salz und Pfeffer ab.
Beilage: mehlige Salzkartoffeln oder auch Klöße.

Frische Heringe gefüllt und gebacken

Heringe waren in früheren Zeiten ein wahres Volksnahrungsmittel, einmal weil sie wohlschmeckend sind und zum anderen
weil sie früher spottbillig waren, ganz besonders aber in den
nordostdeutschen Küstenländern.

4 Personen

*8 mittlere Grüne Heringe, ausgenommen und
küchenfertig gesäubert, Zitronensaft, Salz und Pfeffer.*
*Zur Panade: 2 zerquirlte Eier, 100 g geriebenen
Zwieback mit einer Messerspitze Muskatblüte.*
*Zur Füllung: 100 g Butter, 1 Tasse Roggenbrot, ge-
rieben, 2 Eier, 4 Schalotten, gehackt, Salz und Pfeffer; zum Braten 100 g Butter*

Man bereitet zunächst die Fülle: in einer kleinen Kasserolle zerläßt man die Butter und gibt soviel geriebenes Roggenbrot hinzu, wie diese aufnimmt, rührt dann die 2 Eier und etwas Salz
und Pfeffer unter die Füllmasse. Für diese Zubereitungsart
schneidet man die Köpfe von den gereinigten Heringen, zieht
aus der Öffnung die Eingeweide heraus und wäscht sie von innen gut aus.
Gut abgetropft, werden die Heringe nun mit der Brotmasse gefüllt, in Mehl gewälzt, durch das Ei gezogen und in dem geriebenen Zwieback paniert.
In heißer, aufsteigender Butter brät man die gefüllten Heringe
von beiden Seiten goldbraun.
In Mecklenburg und Pommern aß man dazu Butterbrote oder
auch Kartoffeln in den landesüblichen Zubereitungsarten, wie
sie in diesem Buche niedergelegt sind.

Gänsebraten pommersche Art

4 Personen

1 mittelgroße Gans und Salz zum Einreiben.
*Zur Füllung: 300 g eingeweichte und dann ent-
steinte Backpflaumen, 400 g Kochäpfel, geschält,*

Kerngehäuse entfernt, in Spalten geschnitten, 60 g
festes, geriebenes Schwarzbrot.
Für die Sauce: 2 Eßl. Mehl, ¹/₂ Tasse süße Sahne,
Salz, Pfeffer, etwas gerebbelter Beifuß

Selbstredend die Gans ausnehmen, sengen, säubern, innen und außen mit Salz einreiben.

Die vorbehandelten Backpflaumen, Apfelspalten und Reibebrot vermischen, damit die Gans füllen und die Öffnung zunähen. Ofen vorheizen, die Gans mit wenig Wasser in eine Ofenpfanne schieben und allseitig braun braten, dabei öfters wenden und begießen und, soweit erforderlich, den Bratsatz ablöschen und neues Wasser angießen. Dauer ca. 2 Stunden!

Abschließend die Gans herausnehmen, Ungeübte schneiden sie mit der Geflügelschere auf, teilen sie in 4 oder 6 Teile, entweder 2 Bruststücke und 2 Keulenstücke, oder 2 Bruststücke, 2 Mittelstücke, 2 Keulenstücke. Teile warmlegen, herausgenommene Füllung warmhalten.

Falls zuviel Fett auf dem Bratenfond, abschöpfen, Sauce so bemessen, daß man gut ³/₈ Liter erhält, das Mehl in der Sahne verrühren und damit unter Rühren die Sauce eindicken, mit Salz, Pfeffer und gerebbeltem Beifuß würzen, dann durchsieben.

Gänsebratenstücke anrichten, indem man neben die Portionen von der Apfel-Pflaumenfüllung beilegt, dazu reicht man Kartoffelklöße beliebiger Art und hat so ein echtes pommersches Heimatgericht!

Gänseleber im Steintopf mit Sauerkraut

Ein Gericht, das in Mecklenburg und Pommern wegen der dort reich vertretenen Geflügelhaltung populär war.

4 Personen

800 g frische Gänseleber, ¹/₂ Tasse Weißwein,
1 Tasse braunen Bratenfond, evtl. vom Würfel,
2 große Äpfel, geschält, ausgestochen, in Scheiben
geschnitten, 600 g Sauerkraut, 1 Zwiebel in Scheiben, 1 Eßl. Schmalz; Salz, Pfeffer und Zucker zum
Würzen

Zunächst das Sauerkraut wie üblich ansetzen; dazu schwitzt man die Zwiebelscheiben in dem Schmalz an, gibt das zerpflückte Sauerkraut dazu und gießt knapp Wasser dazu, nach Belieben läßt man darin einige Wacholderbeeren und Speckreste mit auskochen, die gegen Ende des Kochprozesses wieder herausgenommen werden.

Nebenher würzt man die rohe Gänseleber mit Salz, Pfeffer und edelsüßem Rosenpaprika und läßt sie in einer Kasserolle zugedeckt in dem Weißwein und Bratenfond eine Stunde dämpfen.

Das weichgekochte Sauerkraut schmeckt man mit Salz, Pfeffer und Zucker ab und bindet es mit einer geriebenen rohen Kartoffel.

Nun werden die Apfelscheiben in ein ausgefettetes irdenes Geschirr auf dem Boden plaziert, darauf legt man die in Scheiben geschnittene Gänseleber, obenauf legt man das Sauerkraut und läßt nun diesen Gänselebertopf noch ca. 20 Minuten im Ofen dämpfen.

Den Gänseleberfond bindet man leicht mit Kartoffelmehl und schmeckt ihn mit Salz und Pfeffer ab.

Als Beilage zum Gänselebertopf reicht man Salzkartoffeln.

Gänseschwarzsauer pommersche Art

Hat Oma auch öfter gemacht!

Denn auch in Berlin gab's Gänseschwarzsauer und auch Weißsauer, aber in ganz anderer Art, womit bewiesen wäre, daß Pommern-Mecklenburg auch seine bodenständige Küche hatte. Die Pommern liebten ihre Gerichte vom Gänsefedervieh genauso wie die Berliner, nur heißt es bei ihnen: »Ne gaude bradne Gaus, is ne gaude Gabe Gods.«

4 Personen

1/2 l Gänseblut (hilfsweise Schweineblut), 450 g gemischtes Backobst, 50 g geriebenen Pfefferkuchen, 75 g Zucker, 2 Gewürznelken, 1 Eßl. Zitronensaft.
Zur Kloßbeilage: 800 g gekochte abgepellte Kartoffeln, 175 g Mehl, 2 Eier, 1 Teel. Salz, Strich Muskat, Prise Zucker

Backobst am Vortage einweichen, mit Wasser eben bedeckt. Mit dem Einweichwasser und den Gewürzen aufsetzen und weich-schmoren, dann unter Rühren den geriebenen Pfefferkuchen einrieseln lassen zwecks Eindickung, dann das Gänse- oder Schweineblut mit etwas Essig und Zitronensaft verrühren und schubweise unter das Backobst verrühren, abschmecken, zu-rückziehen und warmhalten.

Parallel fertigt man die Klöße an: Kartoffeln durch mittlere Wolfscheibe drehen und mit den übrigen Kloßzutaten mit den Händen zu einem Teig verkneten. Daraus formt man mit den Händen runde Klöße, die in Salzwasser bei mäßiger Hitze wäh-rend 15 Minuten langsam gargezogen werden.

Man richtet das Schwarzsauer in einer Schüssel an und legt dar-in einige Kartoffelklöße, auf Mittelteller plaziert man eine Tafel-kelle dazu.

Jeder Essensteilnehmer legt sich selbst die ihm genehme Portion vor.

(Schweineblut erhalten Sie bei Ihrem Fleischer, wenn Sie es einige Tage zuvor bestellen.)

Gefüllter Kohlkopf

Eine Zubereitungsart, die sich von den Berliner Kohlrouladen allerdings unterscheidet. Die Kohlwickel mit Fleischgehäck zu füllen, war eine Zubereitungsart städtischen Charakters, die sich in Preußen herausgebildet hatte.

Ländlich-sittlich war es in Pommern, dem Land der Gänse- und Schweinezucht, üblich, die Krautwickel, oder den ganzen Kohl-kopf entweder mit Gänsepökelfleisch, oder mit magerem Rauch-speck, oder mit Pökelbauch zu füllen. Ein winterliches Essen, das man auch anderen Landsleuten zur Nachahmung empfehlen kann.

4 Personen

1 mittlerer Kohlkopf, entweder Weißkohl oder Wir-singkohl, 700 g Gänsepökelfleisch, hilfsweise Rauch-speck oder Pökelbauch, 60 g Schmalz, 50 g Mehl, 1 Lorbeerblatt, 5 Gewürzkörner, 1 abgeschälte

Aus dem Kohlkopf den Strunk ausschneiden, den Kohlkopf in Salzwasser 10 Minuten lang abwällen, herausnehmen, abtropfen lassen und halbieren, die inneren Herzblätter des Kohls herausnehmen und in die Aushöhlung das Gänsepökelfleisch einlegen. Den Kohlkopf nun wieder zusammenfügen und mit einem Faden binden, so daß man wieder einen geschlossenen Kohlkopf erhält. Man setzt den Kohlkopf in leichtem Salzwasser mit den Gewürzen auf, gibt auch die Herzblätter dazu und läßt während 1½ bis 2 Stunden alles gleichmäßig weichkochen. In einem gesonderten Topf zerläßt man das Schmalz, gibt das Mehl hinzu und stellt davon eine Einbrenne her. Unter ständigem Rühren mit dem Schneebesen gießt man von der Kohlbrühe auf, so daß man eine sämige Sauce erhält. Die Sauce schmeckt man mit Salz, Pfeffer, Prise Zucker, und einem Strich Muskat ab und läßt sie noch 10 Minuten leise auskochen, zum Schluß zieht man die saure Sahne unter. Man richtet den Kohlkopf gut abgetropft auf einer Platte an, entfernt die Schnüre und übergießt ihn mit der Sauce. Als Beilage gibt es mehlige Salzkartoffeln, die Herzblätter legt man gut abgetropft mit an.

da kommst zuckenblümchen

Geräucherte Rehkeule

Eine Mecklenburgische Spezialität, die aber auch in Pommern und Ostpreußen heimisch war.

Das Rezept bezieht sich auf eine ganze Rehkeule.

Zur Pökellake: 2½ Liter Wasser, 25 g Zucker, 8 g
Salpeter, 260 g Salz, 5 Gewürzkörner, 6 Wacholderbeeren, 1 Tannenzweiglein, 6 Pfefferkörner

Man kocht das Salz und die Gewürze zusammen auf und läßt dann den Pökelfond abkühlen, dann legt man die Rehkeule in den Pökelfond, wo sie 6–7 Tage verbleibt. Gut abgetrocknet wird die Rehkeule dann einige Tage in kalten Rauch gehängt, anschließend läßt man die Rehkeule eine Woche in Zugluft hängen.

Es empfiehlt sich, zum Räuchern auch Tannenreiser und Wacholderbeeren mitzuverwenden, dann erhält man eine so herrliche Delikatesse, die noch besser ist als roher geräucherter Schinken.

Diese altdeutsche Küchenspezialität ist heute fast unbekannt geworden, und man muß sich fragen, warum?

In dünne Scheiben geschnitten wie rohen Schinken, benutzt man diese Rehkeule auch als Brotbelag.

In früheren Zeiten aß man dünne Scheiben der geräucherten Rehkeule als Beilage zu: Stangenspargel, Blumenkohl mit holländischer Sauce oder auch zu jungen grünen Erbsen.

Als weitere Beilage natürlich Schwenkkartoffeln oder auch Dillkartoffeln.

Der Geschmack dieser Rehkeule ist über alle Maßen vorzüglich.

Geriebener pommerscher Gänsemagen

Eines der urigen pommerschen Heimatgerichte, das wie so viele andere aus den deutschen Landsmannschaften im Zuge der Überfremdung und Bewußtseinsverdrängung der Vergessenheit anheimfiel.

4 Personen

Für einen Liter Pökellake: 1 Liter Wasser, 45 g Salz, 5 g Pökelsalz, 5 g Puderzucker, 4 Wacholderbeeren, 2 Gewürznelken, 1–2 Zehe Knoblauch, 1 Lorbeerblatt, Stück Zitronenschale, 1 Zwiebel

Die Gänsemägen brühen und die Magenhäute abziehen, waschen, säubern und während 24 Stunden in der Pökellake mit den oben angeführten Gewürzen pökeln lassen, während des Pökelns aber nicht in den Kühlschrank stellen, man läßt bei Zimmertemperatur pökeln.

In Pommern ist es üblich, die abgetropften gepökelten Gänsemägen noch zu räuchern. Sie können Ihren Fleischer bitten, daß er Ihnen die Mägen in einem Netz mit in den Rauch hängt.

Die geräucherten, gepökelten Gänsemägen werden durch die feine Scheibe des Fleischwolfs getrieben.

Dieses feine Magengehäck wird mit einer fein in Würfel geschnittenen Zwiebel, Tropfen Essig und gerebbeltem Thymian vermischt und verrührt.

Obwohl die Pommern den Gänsemagen auch schier aßen, sei doch bemerkt, daß man den Magen auf Schnitten von würzigem Landbrot ißt, die man zuvor mit Gänseschmalz oder frischer Landbutter bestrichen hatte.

Geschmorter Schweinekamm mit Backpflaumen

4 Personen

Schöne Klöße dazu!

800 g Schweinekamm, ohne Knochen, 125 g Wurzelwerk, geputzt, grob zerschnitten (Möhre, Knollensellerie, Lauch, Zwiebel), 50 g Schmalz, 1 KL Tomatenmark, Salz, Pfeffer, 1 Lorbeerblatt, 2 Gewürzkörner, 40 g Mehl, 350 g Dörrpflaumen, 50 g Zucker, 40 g geriebener Pfefferkuchen

Die Trockenpflaumen am Vortage mit Wasser bedeckt einweichen. Am Gebrauchstage mit dem Einweichwasser aufsetzen, 50 g Zucker zugeben, weichdünsten und dann mit dem geriebenen Pfefferkuchen andicken.

Den Schweinekamm mit Salz und Pfeffer einreiben, in eisernem Topf Fett heiß werden lassen, das Bratstück darin von allen Seiten braun anbraten, dann das Wurzelwerk mit anrösten und, wenn dies geschehen ist, das Tomatenmark und das übrige Gewürz zugeben. Unter öfterem Umrühren weiter anrösten, gelegentlich mit einigen Tropfen Wassers ablöschen. Nun $^3/_8$ Liter Wasser angießen, zudecken und bei gelegentlichem Wenden des Stücks den Schweinekamm garschmoren. Dauer ca. $^3/_4$–1 Stunde. Den Kamm herausnehmen, warmhalten, die Sauce mit dem angerührten Mehl eindicken, mit Salz und handgemühltem Pfeffer abschmecken, durch ein Sieb gießen, nochmals aufkochen lassen.

Schweinekamm in Scheiben schneiden, mit der Schmorsauce bedecken, mit dem Schaumlöffel die heißen Backpflaumen anlegen, extra dazu reichen, Salzkartoffeln, Kartoffelmus oder Klöße.

Gestowte Wruken

Bruken sin gut schlucken wenn sin in Futon fuken.

Wruken (Kohlrüben), in Ostpreußen auch Kassubische Ananas genannt, sind seit den Zeiten des 1. Weltkriegs und dessen sogenannten Kohlrübenwintern sehr in Mißkredit geraten, sehr zu Unrecht, denn richtig zubereitet, schmecken sie sehr gut, besonders wenn man, wie beim Sauerkraut, eine Sau »hindurchgejagt« hat.

4 Personen

1000 g Wruken, 800 g Schweinebauch, 50 g Schweineschmalz, 1 Lorbeerblatt, 4 Gewürzkörner, 1 Eßl. gehackte Petersilie, 1 KL gerebbelten Majoran, 2 Eßl. Zwiebelwürfel, 40 g Mehl; Salz, Pfeffer und Zucker zum Würzen

Einen Liter Salzwasser mit Lorbeerblatt und Gewürzkörnern zum Kochen bringen, den Schweinebauch einlegen und nach dem ersten Aufkochen abschäumen. Den Bauch dann zugedeckt weichkochen, was ca. 1 Stunde währt.
Nebenher die Wruken schälen, die holzigen Teile abschneiden, in pom. frit.-lange Stücke schneiden, waschen und auf dem Sieb abtropfen lassen. In einem Topf das Schmalz heiß werden lassen, darin die Zwiebelwürfel anschwitzen, die Wrukenstifte dazugeben und von der durchgeseihten Schweinsbrühe soviel aufgießen, daß die Wruken knapp bedeckt sind, zudecken und weichkochen lassen. Das gargekochte Wrukengemüse nun mit dem angerührten Mehl binden, abschmecken mit Salz, Pfeffer, Prise Zucker, dann den Majoran und die Petersilie unterrühren, und das Wrukengemüse ist fertig.
Auf Tellern eine Portion anrichten, eine heiße Scheibe Schweinebauch und einige Salzkartoffeln beilegen.

Götterspeise pommersche Art

4 Personen

250 g Pumpernickel, gerieben oder feingehackt, 80 g geraspelte Schokolade, 200 g Preiselbeerkompott, 1/2 l steif ausgeschlagene süße Schlagsahne

45

Den feingeriebenen Pumpernickel vermischt man zunächst mit der geraspelten Schokolade – hilfsweise kann man auch Kakaopulver nehmen.

In eine Schüssel füllt man dann eine Bodenlage Schlagsahne, darauf legt man eine Schicht Pumpernickel, der mit der Schokolade vermischt wurde, darauf folgt eine Schicht Preiselbeerkompott und wieder eine Schicht Schlagsahne.

In dieser Reihenfolge fährt man fort, bis alles aufgebraucht ist. Ein Löffelchen Preiselbeeren hält man zurück und gibt es zum Schluß als Dekor auf die letzte Schlagsahneschicht obenauf.

Dieser Dessert entspricht so recht dem Geschmacksempfinden unserer norddeutschen Küstenprovinzen, er war und ist auch in Mecklenburg und Holstein populär,was nicht verwunderlich ist, denn der Geschichtsverlauf hat vieles Gemeinsame von Holstein bis zur Bernsteinküste Ostpreußens hervorgebracht.

Großer Mehlkloß

Der Kloß war eine der ersten Küchenerfindungen in der Menschheitsgeschichte. Sowohl bei Römern wie Germanen hieß er lateinisch puls = Brei, er war der Vorläufer des Brotes und hatte solange seine Gültigkeit, wie die Kartoffel als Sättigungsbeilage noch nicht zur Verfügung stand. Ein Relikt aus dieser Zeit sind unsere vielfältigen Kloßrezepte, die sich bis heute ihre Beliebtheit in allen deutschen Landen erhalten haben. Sowohl Brandenburger als auch die Pommern und Mecklenburger wehrten sich anfangs gegen die von dem weisen Friedrich dem Großen eingeführten Tuffeln, es hieß »Gaud naug vör dat Veih is dat niemodsche Düwelstüg«, In eben dieser Zeit aß man noch als Sättigungsbeilage den großen Mehlkloß, der hier rezeptiert ist, man aß dazu Milchsauce, Schmorobst und anderes, aber auch als Beilage zu Wildbraten in Sahnesauce schmeckte er sehr gut. Der heutige Zeitgenosse mag sich aber auch vorstellen, zu welchen Hungersnöten es damals kam, wenn einmal die Getreideernte mißriet, womit eines der vielen Verdienste des großen Preußenkönigs hiermit gewürdigt wird.

46

4 Personen

500 g gesiebtes Mehl, 4 Eier, ¹/₄ l lauwarme Milch,
30 g frische zerbröckelte Hefe, 50 g Butter, 1 Eßl.
Zucker, 1 Teel. Salz und ein Strich Muskat

Man gibt das Mehl in eine Schüssel und richtet in der Mitte eine
Vertiefung an, darin rührt man mit der in Milch aufgelösten
Hefe das Hefestück an, die übrigen Zutaten verteilt man auf den
Mehlrändern. Das Hefestück bestäubt man mit etwas Mehl,
deckt die Schüssel mit einem Tuch zu und läßt es bis zum Doppelten aufgehen. Sodann verarbeitet man alle Zutaten durch
Kneten mit den Händen zu einem Teig, den man tüchtig schlägt
und dann zugedeckt wieder gehen läßt. Danach wird der Teig
wiederum durchgearbeitet. Nebenher setzt man schon einen großen breiten Topf mit leicht gesalzenem Wasser auf den Herd.
Nachdem der Teig gut aufgegangen ist, streicht man ein saube-
res Tuch mit Butter aus und bestäubt es mit Mehl. Der große
Kloß wird locker in dieses Tuch eingebunden, noch eine Weile
gehen gelassen und dann leise zwei Stunden zugedeckt, in den
Topf eingehängt, gekocht.
Man nimmt dann den Kloß aus dem Tuch, läßt ihn abtropfen
und richtet ihn auf runder Platte an, wo er mit brauner Butter
übergossen wird.
Dazu passen Schmorobst aller Art nach der Jahreszeit, Milchsauce mit Eigelben und Vanillegeschmack.
Der Kloß, von dem sich jeder seine Portion afsnidet, paßt aber
auch recht gut zu Sauerbraten, zu Wildgerichten mit Sahnesauce, Hasenbraten und dergleichen, aber auch zu den Gerich-
ten von den Bierfischen.

Hammelfleisch mit Kümmelsauce

Eine Mahlzeit, die sich im mecklenburgisch-pommerschen
Raum großer Beliebtheit erfreute und natürlich auch in Berlin
bodenständig wurde. Fritz Reuter hat auch dieses Gericht in
seine volkstümlichen Verse aufgenommen, hier heißt es am
Schluß: »Fretts di daran nich krank«.

800 g Hammelfleisch, kochfertig, nicht zu fett, 500 g Knollensellerie, geputzt, in Streifen oder Würfeln, 250 g Lauch, geputzt und gewaschen, und 2 Möhren, 150 g Zwiebeln, halbiert, in Scheiben geschnitten, 50 g Butter, 40 g Mehl, ½ Tasse süßer Sahne, ½ Zehe Knoblauch, ger., 1 Lorbeerblatt, 3 Gewürzkörner, 1 Eßl. gehackter Kümmel

Das Hammelfleisch in kochendem Salzwasser ansetzen und zunächst abschäumen (man setzt einen Liter Wasser zu dem Fleisch an), dann die Gewürze und das Suppengrün zu dem Fleisch geben, den Lauch halbieren und in Streifen schneiden, die Mohrrüben in Scheibchen, wie es Fritz Reuter in seinen Versen besang.

Fleisch garen lassen, was bis zu 1½ Stunden dauern kann. Dann ca. ³/₈ Brühe aus dem Topf durch ein Sieb abpassieren und bereithalten. Nun gesondert in einem Topf von der zerlassenen Butter und dem Mehl eine helle Einbrenne herstellen, die abpassierte Brühe aufgießen und mit dem Schneebesen glattschlagen, aufkochen lassen und in den großen Suppentopf mit dem Fleisch und Gemüsen zurückschütten. Alles umrühren und aufkochen lassen, schlicht mit Salz und Pfeffer abschmecken.

Das Hammelfleischstück vor dem Servieren in Scheiben oder Ragoutstücke schneiden und wieder in die zu servierende Kümmel-Gemüsesauce zurückgeben.

Gesondert reichte man hierzu bei Tisch Kartoffelmus, zubereitet mit Buttermilch. Ein Gericht, das in die Anfänge pommerschen Volkstums zurückreicht!

Mäkum wennst Fisch backen kommst, doarfst ok fryrn!

Hecht gebacken mit saurer Sahne

Hecht ist noch heute in den weiten Seen Mecklenburgs in reichem Maße vorhanden, man denke dabei nur an den Schweriner See, den Müritz-See oder den Krakower See mit ihren reichen Fischbeständen. Neben den Barschen war besonders der Hechtbestand groß, entsprechend groß auch die Anzahl der Küchenrezepte für Hecht, z.B. Hecht blau, Hecht gebacken, Hecht mit

Kräutern, Hecht mit Seemannsragout, Hecht in Meerrettichsauce, Hecht in Kapernsauce und viele andere mehr.

Hecht ist am wohlschmeckendsten in der Größe von 1–3 kg, die jungen Portionshechte heißen wegen ihrer grünen Färbung Grashechte, man nimmt diese zum Braten. Die großen gelb und schwarz gefleckten Hechte werden Hechtkönige genannt.

Nachstehend sei eines der alten Großmütterchenrezepte für Hecht aufgeführt.

4 Personen

1200 g küchenfertigen gesäuberten Hecht, in 4 Portionen geschnitten, 1 Lorbeerblatt, 1 mittl. geschälte Zwiebel in Scheiben, 75 g Butter, 1/4 l saure Sahne, 100 g geriebener Zwieback, 70 g Parmesan, 1 Zitronensaft, 1 Tasse Fleischbrühe, Salz und Pfeffer

Die Hechtportionen werden gesalzen und gepfeffert, in einer flachen Ofenpfanne läßt man auf der Herdplatte die Butter heiß werden, darin brät man die Hechtstücke von beiden Seiten braun an, gibt das Lorbeerblatt und Zwiebelscheiben dazu und schiebt die Pfanne in den vorgeheizten Ofen. Nach einigen weiteren Bratminuten übergießt man die Hechtstücke mit der sauren Sahne, streut Zwieback und durch Parmesan darüber. Diesen Vorgang wiederholt man noch einige Male. Abschließend beträufelt man den Fisch mit dem Zitronensaft und gießt die Bouillon zu dem Fischfond. Man richtet die überkrusteten Hechtstücke mit der Sauce an und gibt dazu Salzkartoffeln und grünen Salat.

Dat schmeckt!

Hechtklöße mit Krebssauce

Ein altdeutsches Fischgericht, das nicht nur in Ostpreußen, sondern auch in den Nachbarprovinzen Pommern und Mecklenburg beliebt war, wo man an die 70 Fischsorten zur Verfügung hatte. Um die Jahrhundertwende war das köstliche Essen selbst bis nach Berlin hin bekannt und beliebt, auch auf den Tafeln der ostpreußischen Landgüter figurierte es in der Menüfolge als attraktiver Fischgang.

4 Personen

Für die Fischklöße: 600 g ausgelöstes Hechtfleisch, ohne Haut und Gräten, 200 g geriebenes trockenes Weißbrot, ohne Kruste, 2 Eier, 200 g Butter, 1 Tasse Milch, 3/4 Tasse süßen Rahm; zum Würzen der Masse Salz, Pfeffer, Strich Muskat und Zitronensaft; zum Kochen Salzwasser mit einem Lorbeerblatt, 5 Gewürzkörner und einem Bündchen Suppengrün.

Das Hechtfleisch zwei bis dreimal durch die feine Scheibe wolfen. Die Milch in einer Kasserolle erhitzen, die weißen Semmelbröseln zuschütten und mit dem Holzrührlöffel zu einer festen Masse abrühren, vom Herd zurückziehen und erkalten lassen.

Dann vermischt man das Fischgehäck mit der Semmelmasse, arbeitet dann die Eier, danach die Sahne und zum Schluß die Butterflocken unter die Masse, die abschließend noch mit Salz, Pfeffer, Muskat und Zitronensaft gewürzt wird.

In einem Topf bringt man gut 1 Liter Wasser mit Salz, einem Schuß Essig, Lorbeerblatt, Gewürzkörnern und Suppengrün zum Kochen, mit dem Löffel sticht man ovale Klöße von der Fischmasse, die man in den Sud gleiten läßt. Zuerst einen Probekloß kochen, Masse evtl. nachbessern. Man läßt die Hechtklöße auf kleiner Hitze während 15 Minuten starr durchziehen. (Rezept für Krebssauce in diesem Buch.)

Söl ick dirst nok vorkomm?

Kalbsfricassee Stettiner Art

4 Personen

800 g Kalbfleisch, ohne Knochen, von der Brust oder Kamm, in Ragoutstücke geschnitten, 1 Zwiebel, 1 Lorbeerblatt, 3 Gewürzkörner, Stückchen Zitronenschale, 200 g Morcheln, evtl. aus der Dose, 2 Eigelbe und 1/2 Tasse süßer Sahne, 4 Eßl. Weißwein, 12 Flußkrebse, gesäubert, gewaschen, in kochendem Sud mit Salz, etwas Essig, Kümmel und Wurzelwerk 10 Minuten gekocht.

Das fricassierte Fleisch in Salzwasser, ca. 1 Liter, ansetzen und beim Aufkochen abschäumen, dann die Zwiebel und die Ge-

50

würze darin mitkochen lassen, bis es gar ist, Dauer ca. 45 Minuten.

Dann in einem gesonderten Topf 50 g Butter mit 45 g Mehl zu einer hellen Mehlschwitze anrühren und mit ³/₈ Liter der durchgegossenen Kalbsbrühe auffüllen, sofort mit dem Schneebesen glattrühren, 10 Minuten bei mäßiger Hitze ausquellen lassen. Eigelbe in der Sahne zerquirlen und die Sauce damit legieren, Weißwein zugießen, abschmecken mit Salz, Prise Pfeffer, Zucker und Zitronensaft. Die abgetropften Fricasseestücke und Morcheln in die Sauce geben, warmhalten, aber nicht mehr kochen lassen.

Nebenher die Krebse ausbrechen, von den Schwänzen die Därme ziehen. Kalbsfricassee in Schüssel anrichten, mit den Krebsschwänzen ausgarnieren und mit Krebsbutter beträufeln. Dazu als Beilage Kartoffeln oder körnigen Reis und frischen grünen Salat mit Dill.

Anleitung zur Herstellung von Krebsbutter in diesem Buch.

Kalte Nasen

Eine Süßspeise aus den Siedlungsgebieten deutscher Minderheiten im Baltikum, die aber auch im Memelland heimisch war. Schaltenoßen hieß das Gericht in der Mundart der ostpreußischen Landeskinder, es schmeckt sehr gut, wer es ausprobiert hat, wird es bestätigen.

4 Personen

600 g gesiebtes Mehl, ¹/₈ l lauwarme Milch, 2 Eier, Prise Salz und Zucker, 100 g Butter, 45 g frische zerbröckelte Hefe;
zur Füllung: 350 g Quark (Glumse), 50 g Butter, 50 g Zucker, 2 Eigelbe, Prise Salz, etwas frische Vanille, Strich Zitronenabrieb

Das gesiebte Mehl in eine Schüssel tun, in der Mitte eine Vertiefung anrichten. Die Hefe mit einer Prise Zucker in der lauwarmen Milch auflösen und damit in der Mehlmitte ein Hefestück anrühren, das Hefestück mit Mehl bestäuben; die übrigen Teigzutaten, Butter und Eier auf dem Mehlrande plazieren, zudecken und das Hefestück bis zum doppelten Volumen aufgehen lassen.

Nebenher die Füllung anfertigen, den Quark mit Eigelben, Zucker, Prise Salz, etwas Vanille und Zitronenabrieb anrühren und bereitstellen.

Wenn das Hefestück bis zum Doppelten aufgegangen ist, alles zu einem Teig verkneten, zudecken und an warmem Orte nochmals aufgehen lassen. Dann den Hefeteig ausrollen, auf gemehlter Platte tassenkopfgroße runde Plätzchen ausstechen, auf jedes Plätzchen in der Mitte einen Löffel Quarkfüllung häufeln, den Plätzchenrand mit Eiweiß bestreichen, eine Plätzchenhälfte überklappen und auf der unteren Hälfte andrücken, so daß man halbmondförmige Plätzchen erhält. Diese werden, nachdem man sie nochmals aufgehen ließ, 10 Minuten in kochendem Wasser gedämpft, dann herausgenommen, mit brauner Butter begossen, mit Zimtzucker bestreut und heiß serviert.

Kiebitz- und Möweneier zu kochen

An Mecklenburgs, Pommerns und Ostpreußens Bernsteinküste gab es soviel Wildgeflügel wie Fische. Man erinnere sich nur an die alte Vogelwarte Rossitten auf der Kurischen Nehrung, vor Ostpreußens kurischem Haff liegend. Besonders reichhaltig vertreten waren natürlich die Gattungen der Kiebitze und Möwen, so daß deren Eier reichlich vorhanden waren, die auch unter allen Ständen ihre Liebhaber fanden, deren prominentester aber wohl Bismarck – der Eiserne Kanzler – war. Er aß die Kiebitzeier oder Möweneier besonders gern mit Krebsragout im Blätterteigtörtchen oder auf Rahm Morcheln angerichtet und mit Petersilie bestreut.

Möwen- und Kiebitzeier schmecken auch gut als Beilage zu Kressessalat, und wie könnte es anders sein, auch zu Krabbensalat, beides, die Möwen- und Kiebitzeier wie Krabben hatte man ja reichlich an Pommerns und Mecklenburgs heimatlichen Gestaden.

Für eine Person rechne man 3–4 Eier.

52

Die Eier werden nur hart gekocht genossen und zu diesem Zweck 8 Minuten im Wasser gekocht, beim Einlegen muß man vorsichtig verfahren, da diese empfindlichen Eier eine sehr dünne Schale haben.

Frische Möwen- und Kiebitzeier sind von höchstem Wohlgeschmack, die Saisonzeiten sind April und Mai.

Man achte darauf, daß man keine angebrüteten Eier erhält, zu diesem Zweck macht man die Wasserprobe.

Frische Eier sinken in kaltem Wasser sofort zu Boden, angebrütete Eier dagegen drehen sich mehrmals und sinken erst dann zu Boden.

Die gekochten Eier servierte man in einer Schüssel, die mit Salz gefüllt war, dazu gab man in Pommern Brot mit frischer Landbutter und den schon erwähnten Salat von frischer Gartenkresse.

Krabbensauce

Krabben standen von jeher in hoher Gunst als wohlschmeckende Meeresfrucht bei jung und alt, natürlich auch bei den Krabbenfischern an Pommerns Gestaden. Die Frauen der Fischerslüt wußten aus den Minilangusten die herrlichsten Mahlzeiten zu bereiten, denn eine pommersche Redensart besagt: »Mäken wennst Fisch kaaken kannst, kast ock alle Dag frije«, auf Hochdeutsch: Mädchen wenn Du Fisch kochen kannst, dann kannst du auch jederzeit heiraten.

Eine gut gekochte Krabbensauce vermag jeden Kochfisch zu veredeln, wobei wiederholt bemerkt werden soll, daß der richtige Pommer natürlich nicht Sauce, sondern Stippe sagt.

4 Personen

400 g Krabben, ³/₈ l helle Fleischbrühe, 1 Tasse Weißwein, ½ Zitronensaft, 1 Eigelb, 50 g Krebsbutter, 45 g Mehl, Salz, Pfeffer, Prise Zucker.

Man bringt die Fleischbrühe zum Kochen und kocht darin die rohen Krabben während 5–10 Minuten leise gar, gießt sie auf ein Sieb zum Abtropfen und anschließendem Schälen. Die

Krabbenschwänzchen legt man zur späteren Einlage für die Stippe bereit.

In einem gesonderten Topf zerläßt man nun die Krebsbutter, gibt das Mehl dazu und fertigt unter Umrühren davon eine Mehlschwitze. Von der durchgesiebten Krabbenbrühe gießt man unter ständigem Rühren mit dem Schneebesen soviel auf, daß man eine sämige Sauce erhält. Diese läßt man noch einige Minuten leise quellen, dann zerquirlt man das Eigelb in dem Wein und rührt beides unter die Sauce, die man nun an den Herdrand zurückzieht. Die Stippe wird abgeschmeckt mit Salz, Pfeffer, Prise Zucker und Zitronensaft, die Krabbenschwänzchen kommen als Einlage in die Sauce, sie paßt zu fast allen Arten von gekochtem Fisch (Rezept für Krebsbutter in diesem Buch).

Krabben auf pommersche Art

4 Personen *Ingrid dazu einladen!*

400 g geschälte Krabben, 500 g geschälte Kartoffeln in Scheiben (rohe), 75 g Butter, 1 Eßl. geschnittene Dillspitzen, Salz, Pfeffer und edelsüßen Rosenpaprika, 1 Eßl. gehackte Petersilie

Man gießt die gewaschenen rohen Kartoffelscheiben auf ein Sieb und läßt sie gut abtropfen, dann salzt man sie, würzt noch mit Pfeffer und Rosenpaprika und mischt sie gut um.

In eine gebutterte Auflaufform legt man nun eine Lage der gewürzten Kartoffelscheiben, darauf die Krabben mit Dill bestreut, und so fährt man fort, bis alles aufgebraucht ist, man schließt mit einer Schicht Kartoffelscheiben ab.

Diese letzte Schicht Kartoffelscheiben belegt man mit Butterflocken, dann schiebt man die Form auf Mittelschiene in den vorgeheizten Ofen von 230 Grad, wo man den Auflauf gut durchbacken läßt.

Als Beilage reicht man grünen Gartensalat oder auch Feldsalat.

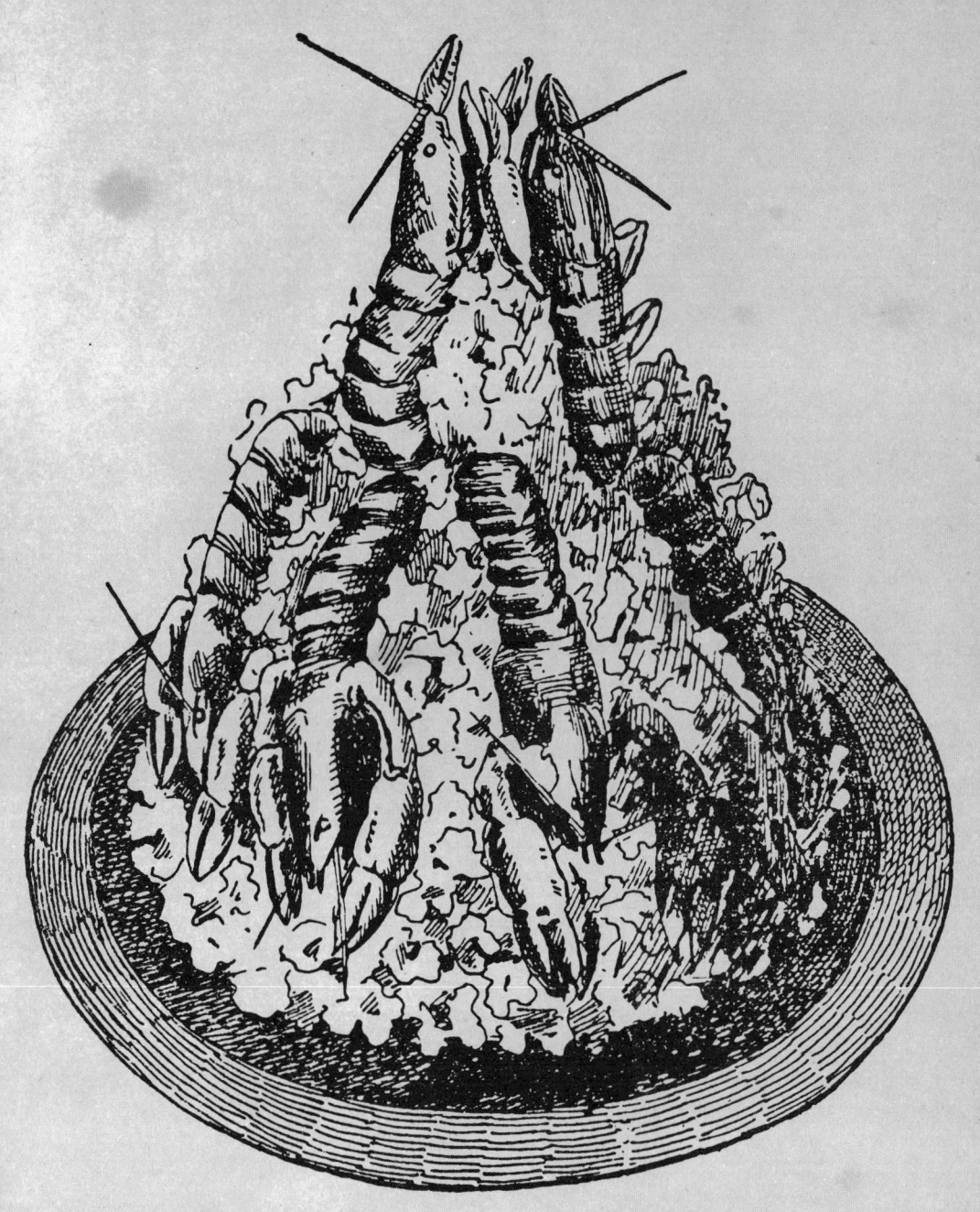

Krebsbutter-Herstellung

Ohne Personenangabe, es handelt sich um eine Vorratshaltung, wie sie früher auch in guten Haushaltsküchen üblich war.

Rezept:

Die Schalenpanzer von 20 abgekochten Krebsen hackt oder zerstößt man klein und setzt sie mit 250 g Butter im Topf auf den heißen Herd. Unter ständigem Rühren mit dem Holzlöffel läßt man so die Butter aufsteigen.

Wenn die Butter rötlich zu werden beginnt, gießt man ½ Liter kaltes Wasser auf und läßt zugedeckt den Krebssud zum Kochen kommen. Dann zieht man den Sud vom Herd zurück und gießt ihn durch ein Sieb in eine Schüssel, wo man ihn an kühlem Ort erkalten läßt.

Wenn der Sud erkaltet ist, setzt sich die Krebsbutter fest an der Oberfläche ab, wo man sie leicht abheben kann.

Den verbleibenden Krebssud verwendet man üblich zu Krebssuppen oder Saucen.

Die so gewonnene Butter ist rötlich und hat einen vollkommenen Krebsgeschmack.

Krebssauce zu Hechtklößen

Flußkrebsen kommen lassen

> 20 Stck. gesäuberte Flußkrebse, ½ l Rinderbrühe
> 1 Bund geputztes Suppengrün, 1 geschälte Zwiebel,
> 1 KL Kümmel, 1 KL edelsüßen Rosenpaprika, 50 g
> Butter, 45 g Mehl, ½ Zitronensaft, Salz, Pfeffer,
> Prise Zucker zum Würzen, ferner: 1 Tasse süße
> Sahne, 1 Gläschen Weinbrand

Die Rinderbouillon mit der Zwiebel, dem Suppengrün und Kümmel zum Kochen bringen, die Krebse nach und nach einlegen, damit sie keinen qualvollen Tod haben, anfangs auf großer Hitze kochen. Wenn alle Krebse tot und rot sind, zurückschalten und zugedeckt während 10 Minuten auf kleiner Hitze garkochen.

Die Krebse nun herausnehmen, kurz kalt abspülen, die Krebsschweife ausbrechen und die Därme daraus entfernen.

Die Krebsschalen grob zerstoßen und mit der Butter in einem

Topf heiß werden lassen. Unter öfterem Umrühren auf mittlerer Hitze so eine langsam rötlich werdende Krebsbutter ziehen. In diesem Augenblick Butter und Krebsschalen mit dem Mehl bestäuben und eine Einbrenne herstellen, den Rosenpaprika zugeben und mit einem viertel Liter durchgeseihten Krebsfond auffüllen, das Ganze dabei umrühren, so daß man eine sämige Sauce erhält, die man auf kleiner Hitze 15 Minuten quellen läßt. Nun gießt man die Sauce durch ein feines Haarsieb, rührt die Sahne und den Kognak unter und schmeckt die Sauce mit Salz, Pfeffer, Prise Zucker und Zitronensaft kräftig und würzig ab.
Man richtet die Hechtklöße auf Tellern an, bedeckt sie mit jeweils 5 Krebsschweifen für eine Portion, die Klöße maskiert man mit der Krebssauce, streut gehackte Petersilie darüber und legt Dillkartoffeln als Sättigungsbeilage an. Man kann das Gericht noch mit Schmandsalat vervollkommnen.

Kürbis mit Speck

4 Personen

700 g mageren Rauchspeck, 800 g küchenfertige Kürbisstücke in mundgerechten Stücken, 1 Lorbeerblatt, 5 Gewürzkörner, 50 g Porree, geputzt und geschnitten, 2 Äpfel, geschält, entkernt, halbiert, geschnitten, 2 Tomaten, gebrüht, abgezogen und geschnitten, 2 Eßl. Zwiebelwürfel, 1 Tasse Buttermilch, 50 g Mehl, 50 g Schmalz

Man kocht den Rauchspeck mit Lorbeerblatt und Gewürzkörnern während einer guten Stunde weich.
In einem Topf läßt man das Schmalz heiß werden, gibt Zwiebelwürfel und Lauch hinzu und läßt beides glasig anschwitzen. Nun gibt man die Kürbisstücke und Apfelschnitze hinzu und läßt sie unter einigem Umschwenken anschwitzen, dann füllt man knapp mit der Speckbrühe auf und fügt noch die Tomatenwürfel dazu. Zugedeckt läßt man das Kürbisgemüse während ca. 20 Minuten gleichmäßig garkochen.
Dann rührt man das Mehl in der Buttermilch an und bindet da-

57

mit unter ständigem Rühren das Kürbisgemüse. Abgeschmeckt wird mit Zucker, Pfeffer und, falls notwendig, etwas Salz.

Das Kürbisgemüse richtet man auf Tellern an, legt eine Scheibe heißen Rauchspecks bei und Salzkartoffeln.

Ein uraltes Gericht. Schon im Altertum war Kürbis ein weitverbreitetes Gemüse, das auch den ersten Pommern, den Rugianern, bekannt war.

Labskaus

Ein altes Seemannsgericht, das in Stralsund, Greifswalde, Stettin, Kolberg, Stolpmünde und Königsberg ebenso beheimatet war wie in den Hafenkneipen Hamburgs oder Lübecks. Der Ursprung des Labskaus-Essens ist schon sehr alt. Nachgewiesen ist, daß schon auf den Schiffen der griechisch-römischen Antike Pökelfleisch mitgeführt wurde. Das nachfolgend aufgeführte Rezept aus ostdeutschen Landen ist mindestens 130 Jahre alt.

Dort Rindfleisch is wird jadre

4 Personen

300 g gekochtes Rinderpökelfleisch, 300 g gekochtes Schweinepökelfleisch, 800 g geschälte Kartoffeln, 3 Eßl. Zwiebelwürfel, 60 g Butter, 2 Salzgurken, 4 Sardellen, 4 Eier, 1 Tasse Pökelbrühe und Handmühlpfeffer

Das Pökelfleisch mit Lorbeerblatt, Gewürzkorn und 1 Zwiebel garkochen, herausnehmen, einmal durch die grobe Scheibe wolfen und warmstellen. Die Kartoffeln ohne Salz garkochen, abgießen und zerstampfen. Die Zwiebelwürfel in Butter weichdünsten.

Das durchgewolfte Pökelfleisch mit den Stampfkartoffeln, Dünstzwiebeln und einer Tasse Pökelbrühe zu einem rosa Haschee vermischen und verrühren, das nur mit Pfeffer gewürzt wird.

Von diesem Labskaus richtet man eine heiße Portion auf dem Teller an und legt darauf ein Setzei, das mit zwei Sardellenstreifen garniert wird. Am Rande des Tellers legt man auf einem Salatblatt eine halbierte Salzgurke an und erhält so das herzhafte Seemannsessen!

Landgurken gefüllt

Eines der ältesten Küchenrezepte in der Menschheitsgeschichte. Schon im Altertum war es bei den Römern bekannt, wo es auch zu den Lieblingsgerichten des Kaisers Augustus zählte, nur wurde es da mit Schweinshirn bereitet. Die Pommern füllten ihre Schmorgurken mit Fleischgehäck, ein nachahmenswertes bekömmliches und schmackhaftes Essen.

4 Personen *mit Bottnulöcker!*

4 Stck. Landgürkchen à ca. 300 bis 400 Gramm, 250 g mageres Schweinefleisch gewolft (Schweinsmett), 300 g Rindfleisch, fein gewolft, 1 geweichte Semmel, gut ausgedrückt, 1 Eigelb, Salz und Pfeffer, Strich Muskat. 50 g Butter, 40 g Mehl, 2 Eßl. Zwiebelwürfel, 1 Eßl. gehackte Petersilie, 1 Eßl. Essig. Salz, Pfeffer und Prise Zucker zum Abschmecken der Sauce

Die Gurken schälen, der Länge nach halbieren und das Kerngehäuse mit dem Eßlöffel ausschaben. Nebenher hat man, wie üblich, die Fleischmasse aus den obigen Zutaten gut verarbeitet und verknetet, damit die Masse hält bzw. Bindung hat. Die halbierten Gurken füllt man mit dem Fleischgehäck, setzt sie, so gefüllt, wieder zusammen und bindet sie mit dünnem Faden. In einem breiten flachen Topf läßt man die Butter aufsteigen, gibt die Zwiebelwürfel hinzu und läßt dann die gefüllten gebundenen Gurken darin kurz allseitig anbraten, dann gießt man mit Wasser oder Brühe an und läßt die Füllgurken leise während 15 bis 20 Minuten garkochen.

Die Füllgurken herausnehmen und am Herdrand oder in der Röhre warmlegen.

Das Mehl mit etwas Milch oder besser noch in Sahne anrühren und damit die Gurkensauce binden, nochmals gut durchkochen lassen und mit Salz, Pfeffer, Prise Zucker und Essig süßsauer herzhaft abschmecken.

Von den Gurken die Bindfäden entfernen, anrichten, mit der Stippe (Sauce) bedecken und mit Petersilie bestreuen, als Beilage dienen Salzkartoffeln.

Mecklenburger Grützwurst

Ein altes heimatliches Wurstrezept, das auch von Hausfrauen mit weniger Küchenerfahrung ohne weiteres hergestellt werden kann. Damit die Arbeit und der Aufwand lohnt, muß man ein bißchen mehr als nur für eine Mahlzeit herstellen.

Rezept:
Beim Fleischer ½ Liter Schweineblut vorbestellen.
2 kg Gerstengrütze, 3 l gute Fleischbrühe vom Rind
oder Schwein, 380 g Schweineflomen, grob gewür-
felt, 200 g geschälte Zwiebeln, grob gewürfelt, Salz,
Pfeffer, Nelken und Nelkenpfeffer

Die Gerstengrütze weicht man am Vortage in der kalten Brühe ein und verwahrt sie an kühlem Ort, anderntags wird die so eingeweichte Gerstengrütze auf gleichmäßiger Hitze langsam recht dick und weich ausgequollen. Wenn dies geschehen ist, gibt man das ausgelassene Schweinefett zu der Grütze und rührt gut um.

Die Grieben, auch mancherorts Schreven genannt, werden zusammen mit den Zwiebelwürfeln gargebraten, dann zurückgezogen und feingehackt. In zeitgemäßer Zubereitung kann man sie heute im Elektromixer zerkleinern. Grieben und Zwiebelmus rührt man unter die Grütze und schmeckt mit Salz, Pfeffer und Nelkenpfeffer ab.

Von dem durchgesiebten Schweineblut gibt man nun soviel zur Grützmasse, daß dieselbe rot gefärbt und auch etwas dünner wird.

Man füllt die Grützwurst in Därme und kocht sie leise in kochendem Salzwasser. Die Würste sind gut, wenn beim Hineinstechen kein Blut mehr austritt. Wer keine Wurstdärme hat, kann die Grützwurst auch in ein irdenes Gefäß oder eine Schüssel geben und zugedeckt im Wasserbad kochen. Eine andere Geschmacksvariante ist es, der Grützwurstmasse etwas gerebbelten Majoran zuzufügen, wodurch die Grützwurst einen noch besseren Geschmack erhält.

Mecklenburger Hecht grün

4 Personen

800 g küchenfertigen, geschuppten, ausgenomme-
nen Hecht, 60 g Butter, 100 g küchenfertiges Sup-
pengrün, 2 Eßl. Essig, 1 Lorbeerblatt, 4 Gewürz-
körner, 2 Eßl. gehackte Petersilie, 1/8 l Sauerrahm,
50 g Mehl, Salz, Pfeffer, Zucker und Zitronensaft

Den Hecht in vier gleichmäßige Portionen schneiden. 1 Liter
Wasser mit Essig, Suppengrün, Salz und Gewürz aufsetzen, zum
Kochen bringen, die Hechtportionen einlegen, kurz ankochen
lassen und dann auf kleiner Hitze 20 Minuten garziehen lassen.
In einer Kasserolle die Butter zerlassen, mit Mehl abstäuben
und eine Schwitze fertigen, die mit etwas Hechtbrühe aufgegossen wird, dabei mit dem Schneebesen glattrühren, 10 Minuten
quellen lasssen und zum Schluß den Sauerrahm unterziehen.
Abschmecken mit Salz, Pfeffer, Zucker und Zitronensaft.
Nun die gehackte Petersilie unter die Sauce rühren, damit sie
ihre grünfrische Farbe behält.
Die angerichteten Hechtportionen werden mit der Sauce maskiert, als Beilagen figurieren am besten Dillkartoffeln und
frische grüne Salate. Zur Garnitur legt man Salatblätter mit Zi-
tronensechsteln an.
Ein typisches Mecklenburger Gericht, denn in den dortigen
Seen, namentlich um Güstrow, kommt der Hecht noch heute in
Hülle und Fülle vor.

Mecklenburger Pannfisch

4 Personen

800 g geschalte Kartoffeln, 250 g Stockfisch, auch
Klippfisch genannt (Dörrfisch), in Ermangelung
desselben: 600 g Fischfilet, 50 g Butter, Salz und
Pfeffer, 100 g Suppengrün, 1 Lorbeerblatt und
4 Gewürzkörner, 2 Eßl. Essig, 400 g geräuchertes
Rindfleisch oder Pökelfleisch

Sofern Klippfisch vorhanden ist, wird derselbe mehrmals gewässert und abgegossen, im übrigen aber wie frischer Fisch gekocht.

Man setzt den Fisch in einem Sud von Suppengrün, Essig und den Gewürzen an und kocht ihn langsam darin gar. Bei Stockfisch wird kein Salz beigegeben, wohl aber bei frischem Fisch. Der gegarte Fisch wird ausgehoben und einmal grob durchgewolft. Nebenher hat man die Kartoffeln gargekocht, abgegossen und zerstampft. Beides, durchgewolfter Fisch und die Stampfkartoffeln, werden nun unter Zuhilfenahme von etwas Fischsud zu einem Püree vermengt, die Butter verrührt man noch darunter und schmeckt mit Salz und Pfeffer ab.

Zugleich hat man auch das Rauchfleisch oder das Pökelrindfleisch weichgekocht, das man in dünne Scheiben schneidet.

Das Pannfischmus wird auf Tellern angerichtet. Am Rande werden Scheiben des Rauch- oder Pökelfleisches plaziert, man bestreut das Ganze mit gehackter Petersilie und legt Scheiben von Salzgurke auf Salatblatt als Garnitur an.

Es handelt sich hier um eines der herzhaften Küstengerichte aus den ostdeutschen Küstenprovinzen, das besonders bei den Fischersleuten sehr beliebt war und ist.

Mecklenburger Pflückhecht

1000 g küchenfertiger, geschuppter, ausgenommener Hecht, 150 g küchenfertiges Suppengrün, 3 Eßl. Essig, 1 Lorbeerblatt und 4 Gewürzkörner, $\frac{1}{8}$ l saure Sahne, 60 g Butter, 50 g Mehl, 1 Eßl. Kapern, 1 Eßl. gehackte Petersilie, 1 Zitrone; zum Würzen, Salz, Pfeffer, Zucker, Zitronensaft und Muskat

Zum Kochen des ganzen Fisches ist ein langer Fischkocher nötig, wo ein solcher nicht vorhanden ist, muß der Hecht zumindest halbiert werden. 1½ Liter Wasser würzt man mit Salz und Essig, gibt das Suppengrün und die Gewürze hinzu und läßt den Sud 10 Minuten ankochen, dann legt man den Hecht hinein und läßt ihn auf mäßiger Hitze 20 Minuten starr kochen. Dann hebt man den Hecht aus und zerpfückt ihn in etwa fingergroße längliche Stücke, die man am Herdrande warmhält.

In einem gesonderten Topf zerläßt man nun die Butter, gibt das Mehl dazu und verrührt mit dem Schneebesen zu einer goldblonden Schwitze. Unter ständigem Rühren gießt man $\frac{2}{8}$ Liter durchgesiebter Hechtbrühe auf und läßt 10 Minuten langsam ausquellen. Nun vollendet man die Sauce mit dem Sauerrahm, schmeckt mit einem halben Zitronensaft, Salz, Pfeffer, Prise Zucker und Muskat ab. Die restliche halbe Zitrone schält man sorgfältig ab, schneidet sie in Scheiben, die man nochmals halbiert, und gibt nun die Zitronenschnitze mit den Kapern und der gehackten Petersilie unter die würzige Sauce. Abschließend legt man die gut abgetropften Hechtstücke in diese Sauce und schwenkt sie darin auf dem Herde nochmals gut an, damit der Pflückhecht heiß zu Tisch kommt.

Den Pflückhecht auf Tellern anrichten, dazu passen sehr gut Dillkartoffeln und grüner Salat.

Wor wöll wo wat?

Mecklenburgisch-Pommersches Gänseklein

Unterscheidet sich grundsätzlich von der Altberliner Herstellungsmethode des Gänskleins. Dort, in der alten deutschen Hauptstadt, aß und ißt man es nämlich in grüner Petersiliensauce mit Reis oder Salzkartoffeln.

4 Personen

1000 g Gänseklein – Flügel, Herzen, Mägen, Hälse, Pfoten, gesengt, gesäubert und geputzt, aus den Hälsen die Gurgeln gezogen, Pfotenkrallen abgehackt, Mägen abgezogen (Mägen brühen).
Suppengrün: 2 Möhren, 100 g Knollensellerie, 1 Petersilienwurzel, 1/2 Stange Lauch, gesäubert und geputzt, 1 Lorbeerblatt, 4 Gewürzkörner und Salz, 400 g Backobst, 2 Gewürznelken, 45 g Zucker, 2 Eßl. geriebener Pfefferkuchen.
Kartoffelklöße von rohen Kartoffeln: anfertigen nach dem Rezept Thüringer Kartoffelklöße!

Das gesäuberte Gänseklein in kochendem Salzwasser ansetzen, nach dem ersten Aufkochen abschäumen und dann das Suppengrün und die Gewürze zusetzen, langsam während 1 1/2 bis 2 Stunden garkochen, zurückziehen, warmhalten. Nun das Backobst, mit durchgesiebter Gänsebrühe bedeckt, aufsetzen, Zucker und Nelken zugeben, garkochen, dann mit dem geriebenen Pfefferkuchen eindicken.

Von der Kloßmasse sticht man mit nassem Eßlöffel längliche Klöße ab, die in langsam kochendem Salzwasser während 15 Minuten gargezogen werden.

Anrichten: Warmes Backobst auf Teller, darauf von allem Gänseklein ein Stückchen plazieren, am Rande je 2 Klöße anlegen.

Es ist auch landesüblich gewesen, Backobst mit Gänsekleinstücken vermischt, dazwischen einige Klöße, in einer irdenen Tafelschüssel anzurichten, so daß sich jeder Tischgast die beliebige Portion mittels Tafelkelle vorlegt.

Mehlklöße

4 Personen

500 g gesiebtes Mehl, 150 g kalte, geriebene oder durchgewolfte Pellkartoffeln, 3 Eier, 1 Teel. Zukker, ½ Teel. Salz, 1 Tasse Milch, 40 g zerlassene Butter;
zum Bestreuen: 50 g Butter, 2 Eßl. geriebenen Zwieback;
zur Sauce: 75 g mageren Rauchspeck in Würfeln, 40 g Mehl, 1 Eßl. Zwiebelwürfel, 2 Tassen Fleischbrühe, hilfsweise vom Würfel; zum Würzen Salz, Pfeffer, Zuckersirup oder Zucker und etwas Kräuteressig

Die Milch lauwarm machen und damit von dem Mehl, Eier, Zucker, Prise Salz und der zerlassenen Butter einen Teig herstellen, unter den zum Schluß die geriebenen Pellkartoffeln untergearbeitet werden. Der Teig muß trocken sein, deshalb etwas Mehl zum Nachbessern bereithalten.

Von der Masse formt man runde Klöße aus, die in mäßig kochendem Salzwasser während 10 Minuten langsam gargezogen werden. Dann nimmt man sie mit einem Schaumlöffel heraus, läßt sie auf einem Sieb gut abtropfen und richtet sie in einer Schüssel an. Den geriebenen Zwieback röstet man leicht in der braunen Butter an und gießt ihn so über die Klöße.

Nebenher bereitet man die Specksauce zu den Klößen folgendermaßen: In einer Kasserolle brät man die Speckwürfel aus, gibt dann die Zwiebelwürfel hinein, läßt sie leicht Farbe nehmen und gibt dann das Mehl hinzu. Mit dem Schneebesen umrühren und dann unter ständigem Rühren die Fleischbrühe aufgießen, so daß man eine sämige Specksauce erhält. Man schmeckt sie mit Salz, Pfeffer, Zuckersirup und etwas Kräuteressig herzhaft und süßsäuerlich ab. Man gibt die Sauce gesondert in der Sauciere zu Tisch. Als Beilage eignen sich naturell gebratene Scheiben vom Schweinebauch.

Milchsuppe mit Birnen

Eine Pommernsuppe, die jeden Pommern in der Fremde ins Heimweh bringt, wenn er nur davon hört. Die süße Geschmackskomponente ist gerade in Pommern sehr beliebt, wie man aus den vielen originalen Heimrezepten ersehen kann. Das mag seine geschichtlichen Hintergründe unzweifelhaft in den einstigen Herren des Landes, den Schweden haben, die nach dem Frieden zu Münster und Osnabrück z.B. Vorpommern mit Stettin und Rügen als Reichsstand erhielten. Brandenburg erhielt zu dieser Zeit Hinterpommern und Kammin.
Wie jeder weiß, hat die schwedische Küche eine überwiegend süßliche Geschmacksrichtung. Unter Berufsköchen macht die Behauptung die Runde, einen Topf Zucker mit auf den Posten zu stellen, wenn ein schwedischer Kollege in der Schicht dabei ist.
Wenn auch in Pommern, wie übrigens auch in Mecklenburg, die Regel galt: »wat de Buer nöch kennt, dat frett er nich«, so nahm der Pommer aber doch gern das auf, was seinen Gefallen gefunden hatte!
»Aber dat häw ick ja all schon vörkaut!«

4 Personen

500 g Birnen, 1 l Milch, 1 Strich Zitronenabrieb (ungespritzte), 1 Gewürznelke, 2 Eigelbe, 50 g Mehl, 35 g Butter, 100 g Zucker, 1 Messerspitze Vanille

Die Birnen schälen, halbieren, entkernen und dann nochmals

längs vierteln, in kurzem Zuckerwasser zugedeckt weichdünsten. Von der Milch einen Tassenkopf voll zurückhalten, darin das Mehl anrühren. Die übrige Milch aufsetzen, zum Kochen bringen – die Gewürze mit einer Prise Salz darin mitkochen lassen –, beim Aufkochen das angerührte Mehl unterrühren und noch einige Minuten still ziehen lassen, abschließend die Eigelbe und Butterflocken unterziehen, dann sofort zurückziehen. Man gibt die weichen Birnenstücke mit dem kurzen Fond in die Suppe und bringt sie in der Terrine mit Suppenkelle sofort heiß zu Tisch. Jeder Pommer geht meilenweit für diese Suppe.

Moschuken-Pudding

Wohl einer der eigenartigsten Puddinge, die in deutschen Landen gekocht wurden. Er wird nicht jedermanns Geschmack sein, dies soll aber kein Grund sein, ihn in der Darstellung der pommerschen Heimatküche einfach zu unterschlagen – im Gegenteil!

Sinn und Zweck dieses Kochbuches ist, zu schildern, wie die pommersche Heimatküche war und ist, nicht etwa wie es sein sollte oder so, wie wir sie uns wünschen. In diesem Sinne sei daher nun auch der merkwürdige Moschuken-Pudding rezeptiert, der möglicherweise auf wendische Ursprünge zurückzuführen ist.

4 Personen

300 g kleine, geschälte Rundzwiebeln, ½ l Milch, 6 Eier, 1–2 Eßl. Zucker, 1 Teel. Salz, 1 Messerspitze Kardamom, ⅛ l Fruchtsaft von Früchten der Jahreszeit

Man füllt die Zwiebeln in ein irdenes Gefäß.

Anschließend verquirlt man die Eier und mischt sie mit den übrigen Gewürzen unter die Milch. Die so hergestellte Eierstichmasse gießt man über die eingerichteten Zwiebeln und deckt mit einem Deckel zu.

Im Wasserbad, entweder auf dem Herd oder in der Röhre, läßt

man den Moschuken-Pudding während einer guten Stunde leise kochen.

Der Moschuken-Pudding wurde warm und auch kalt gegessen, dazu wurde die Fruchtsauce gereicht.

Versuch ich auch mal!

Obst, in Essig und Zucker eingelegt

Diese Konservierungsmethode stammt aus der Zeit, als die Kühltechnik noch nicht erfunden und auch die Konservierungstechnik des Einweckens in Gläsern mit Gummiring noch unbekannt war. Die Einlegemethode in Essig und Zucker war hingegen schon im Altertum bekannt, sie hatte ihre Ursprünge in der römischen Antike, was bezeugt ist durch die alten Handschriften des Cato, Varro, Columella, Plinius u.a.

In den Speisekammern der Landgüter und Haushalte Pommerns sah man im Herbst vollgefüllte Regale mit Gläsern stehen, in denen Früchte in Essig und Zucker eingelegt waren. Jedes Glas war fein säuberlich beschriftet mit der Angabe des Einlegedatums und des Inhalts.

Auch als neue und bessere Methoden der Haltbarmachung aufkamen, blieb man der alten Einlegeart noch treu, was auch verständlich ist, denn eingelegte Essigfrüchte als Beilage zu Braten oder Wildgerichten gegeben, sind so köstlich und reizvoll im Geschmack, daß darum auch heute noch manche Landfrau dem alten Brauche huldigt.

Das hier aufgeführte Grundrezept zum Einlegen von Früchten in Essig und Zucker stammt von einem gräflichen Haushofmeister.

Auf ein Pfund reife Früchte nimmt man 125 g Zukker, 1 Tasse Weinessig, 1 kl. Stückchen Stangenzimt, 1/2 Gewürznelke

Man bringt Essig, Zucker und die Gewürze zum Kochen und schüttet dann die sauberen, gewaschenen und gut abgetropften Früchte hinein, läßt sie aber nur solange darin kochen, daß sie nicht ganz weich sind.

Dann gießt man die Früchte auf ein Sieb und fängt den Essigsirup im Topf auf. Die Früchte füllt man nun in Gläser, kocht

den Essigsirup nochmals gut auf und gießt ihn dann vorsichtig über die eingelegten Früchte. Auf solche Weise machte Oma Apfelstücke, Birnen, Pflaumen, Pfirsiche, Kürbis, Beerenobst und andere Früchte ein.
Beeren dürfen allerdings nur ganz kurz kochen, da sie sonst zu weich werden.

Pferdebohnen mit Räucherzunge

Ein echt mecklenburgisch-pommersches Essen, wo das Räuchern von jeher eine große Rolle in der heimatlichen Küche spielte. Wenn Sie das Gericht mal nachvollziehen wollen, wird der Fleischer Ihnen sicher eine gepökelte Rinderzunge in den Rauch hängen.

4 Personen *unt Appetit opgemöter*

800 g ausgepahlte Pferdebohnen, 75 g Butter, 1 Eßl. gehackte Petersilie, ¼ l Milch, ¼ l Wasser, Salz, Prise Zucker, ein Strich Muskat, 1 kleine geräucherte Rinderzunge

Die Rinderzunge kocht man in ungesalzenem Wasser mit etwas Lorbeerblatt, Gewürzkorn, Wacholderbeere und einer geschälten Zwiebel während 2½ Stunden langsam weich, nimmt sie dann aus dem Sud, spült sie unter kaltem Wasser ab und zieht die Haut ab.
An der dicken Schlundseite beginnend, schneidet man ½ Zentimeter dicke Scheiben ab, die man in einem Topf mit einem Löffel der Zungenbrühe warmlegt.
Nebenher hat man auch die Pferdebohnen in der mit dem gleichen Teil Wasser verdünnten Milch gargekocht. Die gekochten Pferdebohnen werden auf einen Plastikdurchschlag abgegossen, wo man sie gut abtropfen läßt. Dann schwenkt man die Bohnen in einem Topf mit der zerlassenen heißen Butter an, salzt sie, gibt eine Prise Zucker und einen Strich Muskat dazu und rührt zum Schluß die gehackte Petersilie darunter.
Man richtet die bereiteten Pferdebohnen auf dem Teller an und

legt Scheiben der gekochten Räucherzunge dazu; als Sättigungsbeilage dienen Salzkartoffeln.
Statt der Rauchzunge kann man auch Rinderpökelfleisch,
Rauchfleisch, Kasseler Rippespeer oder gekochten Schinken
verwenden.

Plummen als schwarzer Magister

Das Gericht figurierte auch unter der Bezeichnung schwarzer
Magister. Wie der Name sagt, war der Hauptbestandteil dieses
Essens die Pflaume, auf pommersch Plumme genannt, und so
schon oft und gern von Fritz Reuter, dem Heimathumoristen, in
seinen Schnurren und Gedichten besungen (Läuschen un
Rimels). Er schrieb nicht nur über seine Plummen, sondern auch
über die Tüfften und Eisbein mit Arwten und Suerkraut.
Und nun zum Rezept für den schwarzen Magister:

4 Personen

300 g Kastenweißbrot in Scheiben, 100 g Butter,
$1/4$ l Milch, 400 g Backpflaumen, 100 g Zucker,
1 Stückchen Zimt und eine Messerspitze Salz, 3 Eier

Man kocht evtl. am Vortage die Backpflaumen mit Zucker,
Zimt und einer Messerspitze Salz in kurzem Fond weich, zum
Gebrauch werden die Pflaumen am nächsten Tage entsteint.
Man röstet das Weißbrot in der Stielpfanne in aufsteigender
Butter von beiden Seiten an. Sodann legt man eine gefettete
Auflaufform lagenweise mit dem Weißbrot aus, gibt darauf eine
Schicht abgetropfter entkernter Pflaumen und fährt so fort, bis
alles aufgebraucht ist. Dann zerquirlt man die Eier in der Milch,
gibt auch noch etwas von der Pflaumenbrühe dazu und gießt
diese Mischung über den Auflauf dahin.
Obenauf streut man einige Butterflocken.
Den so gefertigten Auflauf läßt man auf der Mittelschiene im
vorgeheizten Backofen bei mittlerer Hitze von 180–190 Grad
während einer Stunde ausbacken.

Pommersche Bohnensuppe

4 Personen

Bohnen aussondern!

325 g weiße Bohnen, am Vortage eingeweicht, 800 g Gänseklein, geputzt und kochfertig, hilfsweise Gänsestückenfleisch, 1 Sträußchen gehackte Petersilie, Salz, Pfeffer, 1 Eßl. gerebbelter Majoran, 1 KL Kerbelblättchen; Beilage: 400–500 g geschälte Kartoffeln

Eingangs sei bemerkt, daß es in Pommern üblich war, das Gänseklein entweder frisch zu kochen oder zuvor zu pökeln. Es war ferner auch üblich, statt des Gänsekleins Hammelfleisch zu diesem Gericht zu verwenden. Hier nun die Rezeptur mit frischem Gänseklein:

Das Gänseklein in kaltem Salzwasser ansetzen und bei Kochbeginn mit dem Schaumlöffel abschäumen.

Die eingeweichten Bohnen auf einem Sieb abtropfen lassen.

Nachdem das Klein eine halbe Stunde gekocht hat, gibt man die abgetropften Bohnen hinzu und läßt sie darin mit garkochen.

Wenn Gänseklein und Bohnen weich sind, nimmt man mit dem Schaumlöffel die Hälfte der Bohnen heraus, gibt sie in eine Schüssel und passiert sie entweder durch ein Sieb oder durch die feine Wolfscheibe. Die durchgedrückten Bohnen wieder zurückgeben in die Bohnensuppe, die nun aus halb ganzen, halb passierten Bohnen besteht, umrühren.

Man würzt den Bohnensuppentopf mit Salz und Pfeffer, gibt dann die gehackten Kräuter hinzu und serviert in einer Suppenschüssel.

Dazu reicht man gesondert gekochte Salzkartoffeln.

Pommerscher Heringssalat

Dieser Heringssalat war in Pommern, aber auch im Mecklenburger Land gerade in der Zeit um Weihnachten und Sylvester populär, denn gerade zu diesen Festtagszeiten war der Magen von manchem Pommern von den Deftigkeiten der guten Pommernküche reichlich überladen. Man hatte eben zuviel »biepackt«, eben darum war dieser Heringssalat eine willkommene Abwechslung nach Gänsebraten, Pfeffernüssen, Stollen oder gar Stettiner Baumkuchen, denn auch dort brauchte es nicht immer Spickaal oder Kaviar zu sein.

4 Personen

4 Stck. Sakzheringe, gewässert, entgrätet und abgezogen, 1 Salzgurke, 2 große Äpfel, geschält, entkernt, in Würfeln, 200 g Kalbsbraten in Streifen oder in Würfeln;
zur Marinade: 1 Eßl. Johannisbeergelee, 1 KL Mostrich, 1 Eßl. Kapern, 1 Zitronensaft, 2 Eßl. Perlzwiebeln, 2 Eßl. Essig, 2 Eßl. Öl, Salz, Pfeffer und Zucker;
zum Ausgarnieren: 2 hartgekochte Eier in Sechsteln oder in Scheiben, 2 Eßl. Sauerkirschen, 1 Sträußchen krause Petersilie

Die Zutaten zur Marinade miteinander vermischen, die Würfel von Apfel, Gurke, Kalbsbraten, Heringen darunter mit dem Salatbesteck vermischen. Den Salat abschmecken mit Salz, Pfeffer und Prise Zucker, einige Stunden durchziehen lassen.
Den Heringssalat auf Unterlage von Blattsalat auf Glastellern anrichten, mit hartgekochten Eiern, Sauerkirschen und Petersiliensträußchen bunt ausgarnieren. Dazu gibt man Brot, Semmeln und Bier.

Pommersche Heringsklopse

Pommern und Mecklenburger als Einwohner der Anliegerprovinzen an der Ostseeküste waren natürlich, wie auch unsere ostpreußischen Landsmannschaften, große Fischfans. Ostsee-Dorsch und Flundern waren genauso geschätzt wie der ostpreußische Haffzander und der Danziger Stremellachs. Ein geflügeltes Pommerwort besagte folgendes: Mädchen, wenn Du Fisch kochen kannst, dann kannst Du auch heiraten!
Besonders beliebt waren in Pommern auch die Fischklopse. Hier folgt das alte *Rezept für 4 Personen:*

4 altbackene Brötchen, eingeweicht und gut ausge-
drückt, 300 g abgekochte kalte Kartoffeln, 4 ge-
wässerte Heringe, entgrätet, abgezogen, 1 Ei, 1 KL
Kapern, gehackt, 1 Sträußchen Petersilie, gehackt;
zur Sauce: 50 g Butter, 45 g Mehl, 1/4 Liter Fleisch-
brühe, 1–2 Eßl. Senf, Salz, Pfeffer, Prise Zucker

Die vorbereiteten Zutaten, wie oben genannt, durch die mitt-
lere Wolfscheibe drehen, mit Ei, Kapern und Petersilie zu einer
Masse verkneten, falls zu naß, etwas Semmelmehl zugeben. Da-
von runde flache Klopse ausformen, die man auf der Pfanne in
heißem Fett beidseitig goldbraun ausbrät.
Nebenher stellt man eine Senfsauce her, indem man in einer
Kasserolle die Butter zerläßt, das Mehl zuschüttet und davon
eine Einbrenne herstellt. Die Brühe aufgießen und mit dem
Schneebesen glattrühren, weiter den Senf unterrühren, mit Salz,
Pfeffer und Zucker abschmecken, nochmals kurz aufkochen
lassen.
Die heißen Klopse mit der Senfsauce anrichten, dazu kann man
Salzkartoffeln und grüne Salate essen.
Auch dies ist ein echt pommersches Gericht!

Pommersche Grützwurst

Ein Rezept, wie es früher bei mecklenburgischen und pommerschen Hausschlachtungen üblich war (ohne Personenangabe).

1 kg abgekochtes Schweinebauchfleisch, 1 kg in
Salzwasser abgekochte Grütze, 2 Eßl. Salz, 1 Teel.
Handmühlpfeffer, 1 KL Zucker, 125 g gehackte
Rosinen, 1/4 l Schweineblut.

Das Schweinefleisch durch mittlere Wolfscheibe drehen und mit
den übrigen Zutaten vermischen, abschließend das Schweineblut
unterrühren. In saubere gewaschene Därme füllen, die Füllung
jedoch locker halten, da sich die Würste beim Kochen noch aus-
dehnen und bei zu strammer Füllung platzen.
Die Würste bei mäßiger Hitze langsam kochen, sie sind irrtums-
frei gut. wenn sie nach oben aufsteigen.
Die zeitgemäße Verarbeitung ist die Verwendung von Kunstdär-
men.

Möchten Tanten Brotka wunderbar!

Pommerscher Jardestern *Schnell zubereitet!*

Ein einfacher Imbiß, der sich unter dieser Namensgebung bis heute im deutschen Gaststättenwesen erhalten hat, wobei noch zu bemerken wäre, daß den meisten unserer Mitbürger der Ursprung dieses schnellen Magentrostes nicht mehr bekannt ist.
In Vor- und Hinterpommern wurde der Gardestern, wie er hochdeutsch heißt, folgendermaßen bereitet:

4 Personen

4 Scheiben Landbrot, 4 Eier, 100 g Magerspeck,
gewürfelt, 8 Sardellenfilets, 1 KL Kapern, 2 Salz-
gurken;
zum Garnieren: 4 Salatblättchen

Mit einem runden Ausstecher oder einem Bierglas wird in der Mitte jeder Brotscheibe ein runder Kreis ausgestochen.
In einer großen Stielpfanne läßt man die Magerspeckwürfel ausbraten und röstet darin die Brotscheiben von beiden Seiten gut an. Wenn dies geschehen ist, gibt man in jede der kreisrunden Brotöffnungen ein ausgeschlagenes Ei und läßt es darin stocken wie ein Setzei.
Man hebt die fertiggebratenen Gardesterne mittels eines Pfannenmessers heraus und richtet sie auf Tellern an.
Über Kreuz legt man auf jedes Ei zwei Sardellenfilets, streut Kapern und nach Belieben auch gehackte Petersilie darüber.
Rechts und links von jedem Ei legt man ein trockenes Salatblättchen auf das Brot und richtet darauf einige Scheiben Salzgurke an.
Der Imbiß wurde namentlich in Gaststätten kreiert, in denen Offiziere verkehrten, besonders in Stettin.

Pommersche Kartoffelsuppe

Die Pommern sagen Kartufflesupp'. Kartufflesupp' un Sünndags grainen Kohl. Das Gericht kann wohl erst um 1780 herum entstanden sein, denn erst um diese Zeit sah man in der Umgebung der preußischen Amtsdörfer die ersten Kartoffelfelder, die auf eine königliche Spende des Alten Fritzen zurückzuführen sind.

75

Friedrich ließ die Knollen ca. 1745 durch Ratsdiener und Land-
reiter an seine Bauern verteilen, was zunächst ein Mißerfolg
blieb. Kein Hund möge die Dinger essen, hieß es bei den miß-
trauischen Bauern. Einige glaubten das Ding am klügsten anzu-
greifen, indem sie ihre Metze Knollen auf einem Haufen ver-
gruben, die dann zu dichtem Filz verwuchsen. Andere dachten,
die Dinger wüchsen zu Bäumen heran, von denen man die
Frucht schütteln könne. Erst später wurde man gewahr, wie man
die Dinger essen könne, indem man sie nämlich kocht und zubereitet!

4 Personen

Mit Zieschen!

*800 g geschälte Kartoffeln, in Würfeln oder Schei-
ben, 1 l Rinderbrühe, 1 Lorbeerblatt, 3 Gewürzkörner, 1 große Zwiebel, in Würfeln, 100 g Magerspeck, gewürfelt, 4 Stck. Zieschen (Pommersche
Würstchen)*

Die Kartoffelstücke in der Rinderbouillon mit den Gewürzen
während 45 Minuten weichkochen und zerstampfen.
Den gewürfelten Magerspeck in der Pfanne anrösten und dann
darin die Zwiebelwürfel mitanrösten, das Gemisch dann in die
Kartoffelsuppe schütten, umrühren.
Abschmecken mit Salz, Pfeffer, Strich Muskat, Prise Zucker.
Die Zieschen (Würstchen) in die Suppe legen und darin heiß
werden lassen.
Die Kartufflesupp' in Terrine oder Suppenteller heiß zu Tisch
bringen; ländliche Sitte war es, eine Scheibe Landbrot dazu zu
essen!

Pommerscher Kaviar

Hat nichts mit dem Störrogen zu tun, es handelt sich hier um
eine echt pommersche Spezialität, die besonders in der kalten
Winterzeit beliebt war. Der Chronist kann auch berichten, daß
selbst die Fürstin Johanna von Bismarck Kostproben dieser Spezialität an Diplomaten und befreundete Häuser verschenkte.
Man nimmt von den winterlichen Gänsen das Darmfett sorgfältig ab, wässert es während einer Zeitdauer von 24 Stunden unter
mehrmaligem Abgießen und Erneuern des Wassers.

Dann gießt man das Darmfett auf ein Sieb und läßt es gut abtropfen, bevor man es weiterverarbeitet.
Nun wird das Darmfett entweder durch eine feine Wolfscheibe getrieben oder man hackt es nach herkömmlicher Art sehr fein. Wenn dies geschehen ist, schlägt man das Darmfett ordentlich durch, das kann in einer Schüssel mittels Schneebesen oder Holzrührlöffel geschehen.
Abschließend würzt man den Pommerschen »Kaviar« mit folgenden Gewürzen: Salz, handgemühlten Pfeffer, halb schwarzen, halb weißen Pfeffer, Prise gerebbelten Majoran, feingeschnittene Zwiebel, so fein wie Mausezähnchen geschnitten.
In Gläsern mit Schraubdeckel läßt sich das Gänsefett gut aufbewahren, zumal im Kühlschrank!
Auf Scheiben von Landbrotlaiben gestrichen, erhält man hiervon einen vorzüglich schmeckenden Brotaufstrich, der wohl nur noch in den sächsischen Gänsefettbemm'chen sein Gegenstück findet.

Pommersche Kliebensuppe

Im Volksmund wurde die Suppe auch Klackerklieben genannt, die Suppe wurde auch zum Frühstück gegessen, wie es früher so üblich war.

4 Personen   *Klackerklieben!*

> *1 l Milch und etwas abgeriebene Zitronenschale, ungespritzt;*
> *Für die Klieben: 100 g Mehl, 2 Eier, ½ Eßl. Zukker, Prise Salz*

Die Milch mit dem Zitronenabrieb zum Kochen bringen.
Währenddessen von Mehl, Eiern, Zucker und Salz unter Zuhilfenahme von etwas Wasser einen dicklichen Rührteig herstellen. Diesen Rührteig läßt man in langsamem Faden in die kochende Milch einlaufen und läßt die Milch langsam bei mäßiger Hitze weiterkochen. Sobald die Mehlklieben an die Oberfläche aufsteigen, ist die Suppe gut und fertig.
Heiß servieren.

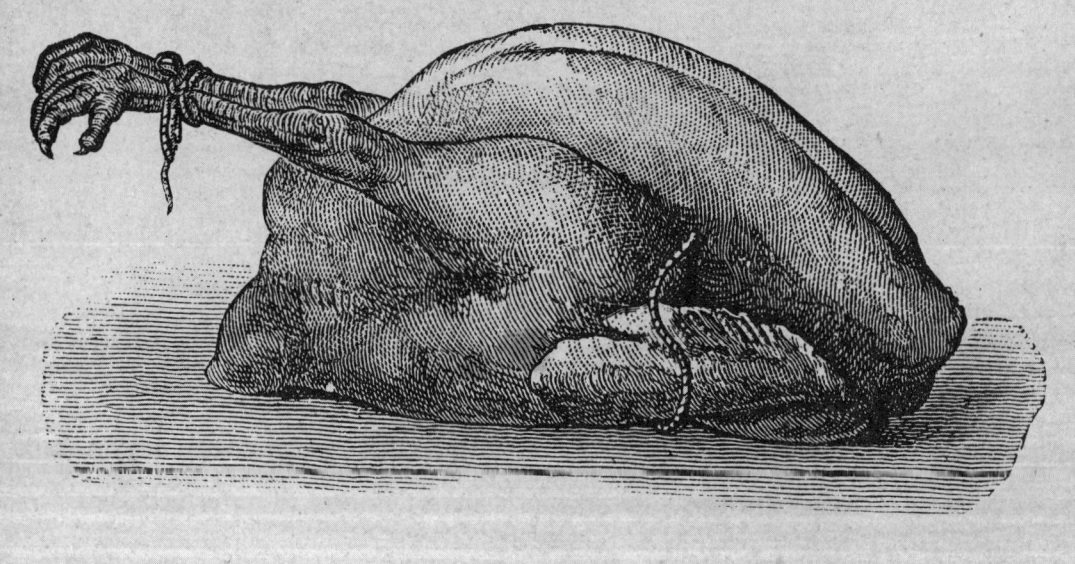

Pommerscher Räucherhering

4 Personen

4 Stck. schöne Räucherheringe, 3 Eigelbe, 1½ Tassen saurer Sahne, 2 KL Mostrich, 1 KL Öl und 1 Eßl. Essig, 2 Eßl. Zwiebelwürfel; zum Würzen Pfeffer aus der Handmühle und eine Prise Zucker

Die Eigelbe werden in einer Schüssel verrührt und die übrigen Zutaten, Sahne, Mostrich, Essig, Öl, Zwiebelwürfel, werden mit etwas Pfeffer und einer Prise Zucker nach und nach daruntergerührt.

Die Räucherheringe werden abgezogen, entgrätet und längs in zwei Hälften filetiert. Von diesen Heringsfilets schneidet man quer gabelbissenähnliche Streifen, die in die zuvor gefertigte Marinade eingelegt werden.

Zu diesem eingelegten Räucherhering ißt man in Pommern üblich Butterbrote von Landbrot, aber auch Pellkartoffeln schmekken sehr gut dazu.

Zum Martinstag # Pommersche Spickgans

Eine pommersche Spezialität, die sich bis heute als Luxusnahrungsmittel in deutschen Landen erhalten hat und weit über die Landesgrenzen Pommerns hinaus bekannt wurde.

Wenn ab Martinstag auch in Pommern die Zeit des winterlichen Gänsebratens herangekommen war, dann freute man sich schon auf die Gänsebrust, die geräuchert unter dem Namen Spickgans figurierte.

Und so lautet das alte Rezept für die Zubereitung:

Die Brust wird mit dem scharfen Auslösemesser so ausgelöst, daß die Brusthälften zusammenhängend bleiben und keinesfalls auseinanderreißen. Die Klinge wird von einem Flügelansatzknochen über den Halsansatz zum anderen Flügelknochenansatz geführt, dann seitwärts waagerecht weiter bis zum Brustende an der Ausnehmeöffnung, dann wird die gelöste Brust vom Brustbein heruntergerissen. Die Brust wird nun von allen Seiten mit Pfeffer und Pökelsalz eingerieben und so 7 Tage am kühlen Ort liegengelassen, in der sich bildenden Lake pökelt die Brust vollends durch.

Dann wird die Brust herausgenommen, die beiden Hälften zusammengeklappt und die offenen Randseiten mit dem Faden zusammengenäht.

Die Brust wird dann auf einem Rauchspeiß in die Räucherkammer gehängt und im kalten Schmok von Buchenholzspänen, Wacholderzweigen und manchmal auch unter Zugabe von einigen Kienäppeln geräuchert.

Man aß in Pommern zu der Spickgans Bratkartoffeln, natürlich von erkalteten Pellkartoffeln.

Die Spickbrust schneidet man in dünne Scheiben, man legt sie zu diesem Zwecke kühl, weil man dann einen besseren Schnitt erzielt.

Fleischrolf von Oma Erichsen

Preßwurst nach Mecklenburger Art

Wer einen größeren Haushalt führt, besonders auf dem Lande, und wer vielleicht als Hobbykoch eine kleine Rauchkammer sein eigen nennt, dem sei nachstehend eines der vielen Wurstrezepte aus Mecklenburg verraten, wo auch die Erkenntnis galt, daß alles mal ein Ende hat, die Mecklenburger Wurst aber hat zwei Enden.

Für alle also, die wieder mal richtig wursten wollen, folgt nun das Rezept:

> *5–6 Pfund schieres Rindfleisch, ohne Knochen,*
> *5 Pfund feingewürfelten fetten Speck, Salz, Pfeffer*
> *und Nelkenpfeffer, 200 g körniges Steinsalz (hilfs-*
> *weise Kochsalz), 1 Stck. gesäuberten, gespülten*
> *Rinderdarm*

Man schneidet aus dem Rindfleisch alles Sehnige und wolft es einmal durch die feine Scheibe.

Den Speck schneidet man in feine Würfel.

Beide Bestandteile werden zusammen mit Salz, Pfeffer und Nelkenpfeffer zu einer Wurstmasse gut miteinander vermengt, dann in die Därme gefüllt und zugebunden.

Man legte die Würste auf ein Randblech, bestreute sie mit Salz, legte ein beschwertes Brett darauf und ließ sie so 12 Stunden pressen. Dann umwickelte man die Würste mit Papier und hängte sie 8 Tage in kalten Rauch."

Dit Äten wünsch ich mi all lang, dor wässert mi ein de Mund.

Rindfleisch mit Pflaumen

Rindfleisch mit Plummen sagt der Pommer, und schon Fritz Reuter, unser folkloristischer Humorist, hat in seinen Versen dieses Gericht gerühmt: Dit Äten wünsch ich mi all lang, dor wässert eim de Mund.

4 Personen

1000 g Rindfleisch, durchwachsen, ohne Knochen, 150 g Suppengrün, geputzt, Möhre, Knollensellerie, Lauch, Salz, 350 g Backpflaumen, dazu: 50 g Zukker, 2 Eßl. geriebener Pfefferkuchen;
zur Sauce: 4 Zwiebeln, in Würfel geschnitten, 75 g Butter, 40 g Mehl, Salz, Pfeffer, 1 Sträußchen gehackte Petersilie

Das Suppenfleisch in 1 1/2 Liter kaltem Wasser aufsetzen und bei Kochbeginn die Brühe abschäumen, Salz und Suppengrün zusetzen und bei langsamem Kochen garen lassen.
Kurz bevor das Fleisch gar ist die Backpflaumen mit durchgesiebter Rinderbrühe bedeckt in einem gesonderten Topf aufsetzen und mit dem Zucker garkochen, zum Schluß mit dem geriebenen Pfefferkuchen eindicken.
Von 50 Gramm Butter und dem Mehl eine helle Einbrenne herstellen und mit 1/4 Liter Rindfleischbrühe (durchgesiebt) aufgießen, dabei schnell mit dem Schneebesen glattrühren. Die Zwiebelwürfel in 25 Gramm Butter goldbraun anrösten und in die Sauce schütten, weiter die gehackte Petersilie in die Sauce geben, umrühren, mit Salz und Pfeffer abschmecken.
Man schneidet von dem warmgelegten Rindfleisch dicke Scheiben, legt daneben die heißen Backpflaumen an und als weitere Sättigungsbeilage Salzkartoffeln.

Salzhering gebacken, Mecklenburger Art

Ein altes, besonders an den Küsten Mecklenburgs und Pommerns heimisch gewesenes Hausfrauenrezept.

4 Personen

4 große oder 8 kleine Salzheringe, 2 Eigelb, 1/2 Tasse Weißwein, 70 g Mehl, 1/2 l Milch zum Einlegen

Von den Salzheringen schneidet man die Flossen ab, entfernt die Gräte und den Kopf, dann werden die Heringe gewaschen und gut auf dem Sieb abgetropft. Desgleichen werden Milch und Rogen gewaschen. Die so vorbehandelten Heringe legt man mit Milch und Rogen über Nacht in Milch ein, um damit einen milderen Geschmack zu erzielen.

Anderntags werden die Heringe herausgenommen und gut abgetrocknet.

Die Eigelbe zerquirlt man in dem Wein und übergießt damit die abgetrockneten Heringe, die anschließend in Mehl gewälzt werden.

Zum Verzehr werden die so panierten Heringe auf der Pfanne in heißer Butter von beiden Seiten goldgelb gebacken.

Als Beilage reichte man dazu in Mecklenburg Sauerkohl oder auch Schmorkohl der Zubereitung, wie er in Ostpreußen üblich war, ferner Salzkartoffeln.

Ek föit groten Lüst tu öten

Saure Rollen

Ein altes Heimatgericht, das um die Jahrhundertwende noch in Mecklenburg gebräuchlich war, inzwischen aber völlig der Vergessenheit anheimfiel, ein Grund mehr, es in diesem Buche zur Niederschrift zu bringen.

4 Personen

1000 g Rinderfleck (Pansen), 500 g durchwachsenes Rindfleisch, in Streifchen geschnitten, Salz, Pfeffer und Nelkenpfeffer zum Würzen, für die Brühe etwas Essig

82

Den Pansen gut wässern und säubern, dann in rouladengroße Vierecke schneiden.

Das in Streifen geschnittene Rindfleisch würzt man herzhaft mit Salz, geschrotenem Pfeffer und Nelkenpfeffer, alles gut miteinander vermischen.

Die Fleckrouladen belegt man nun jeweils mit einem Häufchen der gewürzten Rindfleischstreifen und rollt sie so zusammen, wie es bei üblichen Rouladen Brauch ist, zum Schluß umwickelt man die Fleckrouladen mit Bindfaden.

Nun setzt man einen Topf mit leicht gesalzenem Wasser auf und bringt ihn zum Kochen, man kocht die Fleckrollen darin zugedeckt während 3 Stunden gleichmäßig auf mittlerer Hitze gar. Den Kochfond kurz halten, nicht zuviel Wasser ansetzen. Die weichen Fleckrollen nimmt man heraus, legt sie in Schüsseln und gießt die Brühe durch ein feines Sieb, danach bringt man die Fleckbrühe wieder zum Kochen, schmeckt sie mit Salz, Pfeffer und Essig ab und gießt sie über die Fleckrollen.

Man ißt die Rollen entweder kalt zum Butterbrot oder aber auch warm. In letzterem Falle bereitet man aus der Brühe eine Petersilienstippe und gibt Salzkartoffeln als Beilage.

Kalt gegessen war es auch üblich, Meerrettich auf spezielle Art beizugeben. Man drehte gut abgetropfte Rote Rüben (eingelegte) durch die feine Wolfscheibe und mischte reichlich geriebenen Meerrettich darunter, so daß man einen roten geriebenen Meerrettich erhielt, der köstlich zu den sauren Rollen schmeckte. Wer es ausprobiert, wird es bestätigen! *dazu die Nordwursch öfuloden*

Schinken, gebacken nach mecklenburgischer Art

Ein Festessen aus dem mecklenburgischen Land mit seinen herrlichen Seen und Wäldern, in dem heute noch in paradiesischen Forsten die letzten Steinadler hausen.

4 Personen

Ein Schinkenstück von gut 1,5 kg, 300 g trockenes, geriebenes Schwarzbrot, 7 Gewürznelken, 2 Eßl. Braunzucker, Salz und Handmühlenpfeffer, 1 1/2 Eßl. Mehl zum Binden des Bratfonds

Das Schinkenstück wird von der Schwarte befreit, mit Salz und Pfeffer eingerieben. Die obere Fettschicht wird mit dem Messer gitterförmig eingeritzt. Auf der Fettschicht steckt man in einigen Abständen die Gewürznelken fest.

Bratstück in eine Ofenpfanne legen, Fettschicht nach oben, fingerdick Wasser angießen und in den vorgeheizten Ofen mittlerer Hitze schieben und gut 2 Stunden backen, gelegentlich mit Wasser begießen und verdampftes Wasser ersetzen.

Nach Ablauf von 2 Stunden aus dem Ofen nehmen, die Fettschicht abwechselnd mit den Schwarzbrotbröseln und dem Braunzucker bestreuen, wieder in den Ofen schieben und weiterbacken, bis sich eine schöne braune Kruste gebildet hat.

Den Schinken herausnehmen, warmhalten, die Bratsauce mit dem angerührten Mehl eindicken und durchsieben.

Man gibt den Krustenschinken, in Scheiben geschnitten, zu Tisch, die Sauce extra in Sauciere, dazu reicht man vorzugsweise Stampfkartoffeln, es passen als Beilage auch Gemüse dazu.

Es ist auch üblich, vor dem Schneiden des Bratenstücks die Kruste abzuheben und in Quadraten geschnitten gesondert zu reichen. In diesem Falle kann man die angerichteten Fleischscheiben sogleich mit Sauce bedecken.

Das Essen füll mr opp!

Schmandkartoffeln mit Rügenwalder Teewurst

Verblüffend bei diesem Gericht ist für den sachkundigen Küchenkenner der Name, Schmand und Schmetten sind nämlich auch im sudetendeutschen Siedlungsraum üblich gewesen und bedeuten soviel wie saurer Rahm, die Creme von der Creme.

4 Personen

1 kg ausgesucht kleine Kartoffeln, in der Schale gut gewaschen, 150 g magerer Rauchspeck, gewürfelt, 100 g Zwiebeln, gewürfelt, 3/8 l Fleischbrühe, 1/2 Tasse saurer Sahne, gut abgestanden, 45 g Mehl, Salz, Pfeffer, 1 KL gerebbelten Majoran, 400 g Rügenwalder Teewurst

Die Kartoffeln in der Schale kochen und wenn gar, abgießen, sofort abpellen und in dicke Scheiben schneiden.

Bei Kochbeginn der Kartoffeln zugleich auch die Sauce ansetzen.

In einem Topf die Speckwürfel anbraten und dann auch die Zwiebelwürfel zusetzen und anschwitzen, das Mehl dazuschütten, umrühren, die heiße Fleischbrühe aufgießen und glattrühren.

Die Kartoffelscheiben in die Sauce geben und gut durchhitzen lassen, die Sahne unterrühren, mit Salz, Pfeffer und Majoran abschmecken.

Die Schmandkartoffeln anrichten und darauf Scheiben von abgezogener Rügenwalder Teewurst auflegen, die im Handel erhältlich ist.

Spanferkel gebraten

Knovel im Moorjürll kommt to fröt

Rezept ist selbstredend für mehr als 4 Personen bestimmt

> *1 Milchferkel, ausgenommen und gesäubert, davon Lunge, Leber und Herz durch die feine Scheibe wolfen, 3 altbackene Semmeln, 4 Eier, ½ Eßl. Salz, handgemühlten Pfeffer und Prise Muskat zum Würzen der Füllung, 1 ganze Zitrone und einige Salatblätter zum Garnieren, 250 g frische Butter zum Braten*

Die Semmeln gut ausdrücken und zusammen mit den anderen Zutaten und den Gewürzen und den zerquirlten Eiern zu einer gut bindenden Hackmasse durcharbeiten. Man füllt das Innere des Ferkels mit der Hackmasse und näht es mit einem Bindfaden zu. Nun das Schwein außen mit Salz und handgemühltem Pfeffer einreiben. Im Ofen, den man auf 200 Grad vorgeheizt hat, in der Pfanne die Butter heiß werden lassen, das Ferkel seitlich in die Pfanne legen und nach 15 Minuten auf die andere Seite legen, zugleich auch begießen. Dieser Vorgang wird öfters wiederholt. Der Bratvorgang nimmt ungefähr zwischen 2 bis 3 Stunden in Anspruch.

Man richtet das gebratene Spanferkel auf dem Bauch liegend auf einer großen Platte an, in das geöffnete Maul steckt man grüne Salatblätter und eine gelbe Zitrone.

85

Das Aufteilen geschieht wie folgt:

Man sticht mit einer Bratgabel in den Kopf und schneidet zuerst die Ohren, dann den ganzen Kopf ab. Den Kopf halbiert man von unten zwischen den Kinnbacken. Die Zunge herausnehmen und halbieren. Als nächstes schneidet man den linken Hinterschinken und dann den linken Vorderschinken ab. Dies wiederholt man auf der rechten Seite des Ferkels. Sodann fährt man mit dem Tranchiermesser beiderseits des Rückgrats entlang und schneidet vom Rückenteil in Kotelettart dicke Tranchen ab. Man entnimmt nun die Füllung und schneidet davon gefällige Scheiben, als letztes schneidet man die Bauchseiten in Portionen.

Man reicht zu diesem bäuerlich-ländlichen Essen Sauerkraut und krustiges Steinofenbrot, ferner gibt man Senf und Essiggemüse zur Tafel.

Spickaal gebacken

4 Personen

600 g Räucheraal, 50 g Butter, 1 Ei, Mehl und Semmelbröseln zum Panieren, zum Garnieren einige Salatblätter und Zitronenecken

Den Räucheraal in Stücke von 150 g schneiden, die Haut abziehen, diese Stücke der Länge nach halbieren und die Rückengräte entfernen.

Die Aalstücke nun wie üblich panieren, in Mehl wälzen, durch Ei ziehen und in Semmelbröseln panieren.

Auf der Pfanne in aufsteigender Butter von beiden Seiten goldbraun ausbacken. Servieren und Salatblatt mit Zitronenecke anlegen. Dazu passen als Beilage feine Gartengemüse, z.B. junge Zuckerschoten und Brechspargel, dazu Schwenkkartoffeln oder Dillkartoffeln, auch Schmandsalat paßt besonders im Sommer gut zu diesem köstlichen Essen. Wer es ausprobiert hat, ißt es immer wieder!

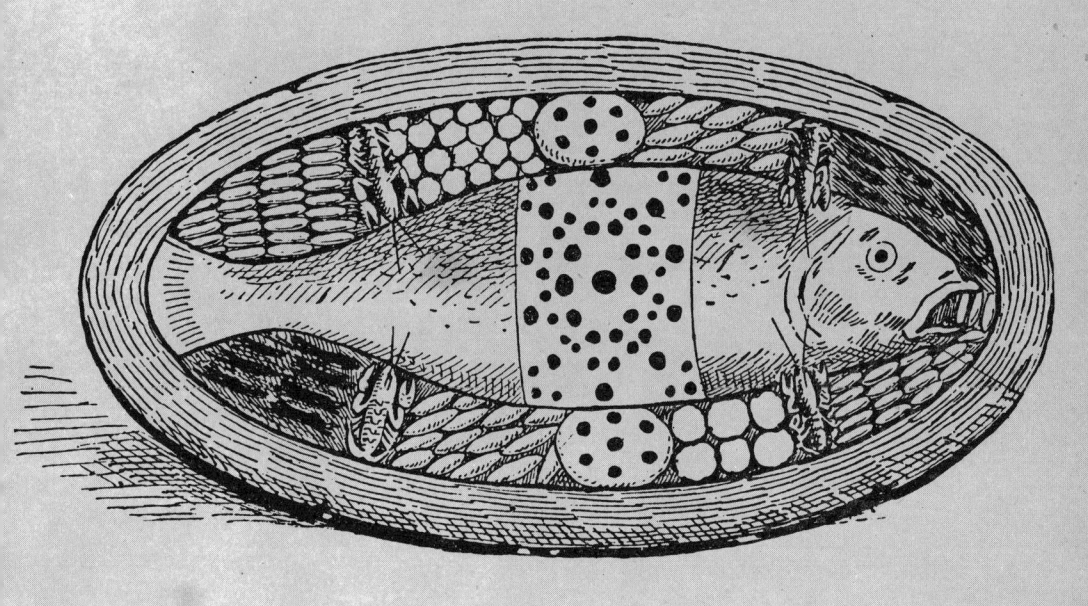

Stampfkartoffeln mit Buttermilch

Ca. 100 Rezepte und Zubereitungsarten für Kartoffeln gab es allein im pommerschen Raum. Schon hieraus ist ersichtlich, in welcher Weise Friedrichs Kartoffelspende an die Bauern zu würdigen ist, denn in Pommern aß man Kartoffeln sowohl mittags wie auch abends. Man muß hierbei auch bedenken, daß in den Zeiten vor dem Anpflanzen der Kartoffeln, besonders in Zeiten des 30jährigen Krieges und danach, Hungersnöte an der Tagesordnung waren.

4 Personen

900 g geschälte Kartoffeln, ¼ l Buttermilch, Salz, Pfeffer, Muskat, 100 g geräucherten Magerspeck, in Würfeln, 1 Eßl. Mehl

Die Kartoffeln in Salzwasser weichkochen, abgießen und zerstampfen, zudecken, warmhalten.
Würfelspeck in der Pfanne anbraten, das Mehl zuschütten, verrühren, von der Buttermilch soviel zugießen, daß man mit dem Schneebesen eine dickliche Sauce anrühren kann.
Diese Sauce von Speck, Mehl und Buttermilch gießt man nun auf die zerstampften Kartoffeln, rührt alles gut um und schmeckt mit Salz, Pfeffer und Muskat ab.
Dieses Kartoffelmus war als Beilage zu vielerlei Heimatgerichten ostwärts der Elbe allseitig beliebt!

Stettiner Baumkuchen

Für Heinz & Ingrid

figurierte in Pommern vornehmlich als Hochzeitskuchen, es war Brauch, dazu ein Gläschen Madeira zu kredenzen.
Wie in Berlin der Hofkonditor Jaedicke mit seinen Baumkuchen Weltberühmtheit erlangte, so wurden die Stettiner Konditoren mit ihren braun gebackenen Baumkuchen mit den weißen Aststümpfen auch bei Hofe in Berlin bekannt. Die Legende berichtet, wenn die Kaiserin Auguste-Viktoria nach Stettin zu Besuch kam, mußte man ihr pommersche Spezialitäten vorsetzen, darunter auch den Baumkuchen.

Der Baumkuchenbrauch reicht sicher in weit zurückliegende kultische Anfänge pommerschen Küchenbrauchtums, wo der Baum als Sinnbild des Wachsens und Lebens galt.

Das Rezept sei selbstredend hier nicht für 4 Personen aufgeführt, da so geringe Zutaten zur Anfertigung eines Baumkuchens nicht hinreichen. Wenn auch die Durchführung des Rezepts im übrigen für einfache Haushalte sicher unmöglich ist, soll doch das Originalrezept wegen seiner küchenhistorischen Bedeutung hier seine Niederschrift finden, zumal das Rezept in Villen und Landgütern hingegen jederzeit nachvollzogen werden kann.

Rezept: Für einen kleinen, kurzen Baum
400 g gesiebtes Weizenmehl, 150 g Weizenpuder,
560 g Butter (Süßrahmbutter), 550 g Zuckerraffi-
nade, 4 g gemahlenen Zimt, 3 g Kardamon, 1 Zitro-
nenabrieb von ungespritzter Zitrone, 125 g feinge-
raspelte süße Mandeln, 6 Stck. feingeraspelte Bit-
termandeln, 1 Messerspitze Vanillekörnchen, 20
frische Eier

Man lagert alle Zutaten vor der Zubereitung an warmem Orte. In einer lauwarmen Schüssel rührt man zunächst die Butter schaumig und gibt unter weiterem Rühren nach und nach den Zucker dazu. Als nächstes rührt man einzeln nacheinander 10 ganze Eier unter die Masse, sodann nach und nach das Mehl, das man zuvor mit dem Weizenpuder gut vermischt hat. Von den restlichen 10 Eiern gibt man nun die Eigelbe zur Masse und rührt weiter gut um. Abschließend wird das oben genannte Gewürz unter die Masse gerührt und die steif geschlagenen Eiweiße von den 10 Eiern.

Hierbei ist darauf zu achten, daß beim Trennen der restlichen 10 Eier kein Eigelb in das Eiweiß kommt, das zum Schlagen bestimmt ist, da es andernfalls nicht steif wird. Das Eiweiß in einer vorgekühlten Schüssel mit einigen Körnchen Salz steif ausschlagen, so wird die Arbeit gelingen.

Die alte Backmethode in Pommern lief folgendermaßen ab:

Ein gut durchwärmter dicker Baumast von ca. 10 cm Durchmesser wird mit Pergamentersatz umwickelt und mit Bindfaden umbunden.

Der Baumast wird entweder über zwei Holzböcken oder über

zwei Posten Ziegelbacksteinen gelagert, darunter befindet sich das Holzkohlenfeuer.

Sobald das Papier gut genug erhitzt ist, bestreicht man es mit zerlassener Butter, aber mäßig, daß es nicht tropft. Nun begießt man den erhitzten, papierumwickelten Stamm mittels einer Schöpfkelle mit dem Baumkuchenappareil, dabei wird der Stamm zunächst langsam um seine Achse gedreht. Auf diese Weise bilden sich die Baumzacken. Sobald der Baumkuchenteig auf dem Stamm Farbe genommen hat, wird mit dem weiteren Begießen fortgefahren, wobei der Stamm schneller gedreht wird. Sobald auch diese Schicht goldbraune Farbe genommen hat, wird wieder eine Schicht Baumkuchenteig aufgegossen. In dieser Weise fährt man fort, bis aller Teig aufgebraucht ist, die letzte Schicht läßt man schön braun werden und hebt den Stamm dann vom Feuer. Sobald der Baumkuchen etwas heruntergekühlt ist, zieht man ihn vorsichtig vom Stamm, zuvor werden die Bindfäden durchschnitten.

Man glättet mit einem Messer die Unterseite des Baumkuchens, so daß man ihn auf eine Platte mit Papiermanschette stellen kann.

Aus 2 bis 3 Eiweißen und dem Saft einer Zitrone stellt man den Guß her. Beides wird in einer Schüssel leicht verrührt, dann gießt man soviel Puderzucker dazu, daß man eine bindende Zuckermasse erhält. Mit einem sauberen Pinsel bestreicht und betupft man die Zackenäste des Baumkuchens mit diesem Zuckerguß, so daß er ein dekoratives Aussehen erhält.

Dieser Baumkuchen wurde vor dem Brautpaar aufgestellt. Der Bräutigam schnitt den Baumkuchen an, in einer Schüssel wurde nach Belieben Schlagrahm gereicht. Mit dem Gläschen Madeira wurde ein Toast auf das Brautpaar ausgerufen, das zu einer Familie wachsen, blühen und gedeihen möge wie ein Baum.

Tollatschen

Ein hinterpommersches Leibgericht, das zu den Schlachtefesten gang und gäbe war. Man aß seine Blut- oder Grützwurst dazu. Vom gräflichen Gutsbesitzer bis zum Hirtenjungen war dieses Heimatgericht in allen Schichten der Bevölkerung beliebt.

4 Personen

800 g Mehl, 400 g Zucker, 150 g Semmelmehl, ca.
3/8 l Schweineblut (vorher beim Fleischer bestellen),
100 g Rosinen, 1 KL Salz, Prise Anis, Messerspitze
Thymian, 50 g Griebenschmalz, 4 große Äpfel, ge-
schält, Kerngehäuse ausgestochen, in fingerdicke
Scheiben geschnitten;
zum Braten der Tollatschen: 60–75 g Schmalz

Mehl, Semmelmehl und Zucker miteinander vermischen. Das Schweineblut mit einigen Tropfen Essig verrühren und davon soviel unter das Mehlgemisch verrühren, daß man eine dicke Masse erhält. Rosinen, Salz, Thymian und das geschmeidige Griebenschmalz unter die Masse kneten und geschmacklich prüfen.

Von der Masse Klöße formen, die in kochender Wurstbrühe (vom Fleischer holen, hilfsweise Fleischbrühe) während 10–15 Minuten langsam gargezogen werden.

Wenn abgekühlt, schneidet man die Klöße in Scheiben.

Zum Essen werden die Tollatschenscheiben und auch die Apfelscheiben auf der Pfanne in heißem Schmalz beidseitig angebraten.

Man richtet die gebratenen Scheiben Äpfel und Tollatschen abwechselnd nebeneinander lagenweise auf Teller oder Platte an.

Wild- oder Hasensuppe *Köschsüpp is noch da!*

An den Giebelwänden pommerscher Bauernhäuser hingen im Herbst, wenn die Jagd aufgegangen war, die aufgebrochenen Rehe, Hirsche oder Hasen zum Abhängen. Danach wurden sie aus der Decke (Fell) geschlagen, und die Köchin oder Hausfrau zerlegte das Tier in Keulen, Blätter, Rücken, Bug, Brüste, Haxen usw. Kein geringerer als unser Dichterfürst Theodor Fontane, der uns soviel Wissen hinterlassen hat, beschreibt solche Szenen in seiner Eigenbiographie »Meine Kinderjahre«. Dabei nennt er ein Swinemünder Bürgerhaus, das stellvertretend für andere Häuser in Mecklenburg und Pommern als Beispiel stehen kann. In dieser Schlacht-, Jagd- und Backzeit vor und um das Weih-

91

nachtsfest fielen naturgemäß auch Wildabgänge wie z.B. für's Wildragout an. Das gab auch köstliche Wildsuppen zur Abwechslung nach der sommerlichen Kartufflesupp'. Eine Wildsuppe, die hät sich de Pummer öft inbrockt un gern utaeten.

Die städtische Hausfrau kann sich heute ja mit einigen Hasenläufen aushelfen, wenn sie kein Rotwild oder andere Wildabgänge hat.

4 Personen

600 g Wildabgänge o. Kn. (Wildgulasch), 100 g küchenfertiges, grob zerschnittenes Suppengrün, 1 Zwiebel, grob zerschnitten, 1 KL Tomatenmark, 1 Teel. edelsüßen Rosenpaprika, 2 Eßl. Mehl, 50 g Speckabgänge oder Speckschwarten, 1 Tasse Rotwein und Madeira (halb und halb), 1 Gläschen Weinbrand, 1/2 Zitronensaft, Salz, Pfeffer, 1 Lorbeerblatt, 4 Gewürzkörner, 5 Wacholderbeeren, 1/2 Tasse saure Sahne, 50 g Schmalz

Im eisernen Schmortopf Schmalz heiß werden lassen, das Wildfleisch salzen, pfeffern und paprizieren, in rauchend heißem Fett anbraten lassen, dann darin das Wurzelwerk, Speckangänge anrösten, danach das Tomatenmark und die übrigen Gewürze zugeben und mit anrösten lassen.

Mit einem Spritzer Wasser ablöschen und wieder reduzieren lassen oder, so vorhanden, mit 3/4 Liter Fleischbrühe auffüllen, zudecken, gleichmäßig kochen lassen, bis das Fleisch weich ist, dasselbe dann herausnehmen und nach dem Abkühlen in feine Würfel zur Einlage schneiden.

Das Mehl nun in der Sahne anrühren und unter Rühren die Suppe damit andicken, noch 10 Minuten leise kochen lassen und dann durch ein feines Sieb gießen. Die Suppe wieder aufkochen lassen und mit Salz und Pfeffer würzen, den Zitronensaft und Wein zugießen, umrühren, zurückziehen und abschließend den Weinbrand zugießen, die Fleischwürfel in die Suppe geben, nochmals die Geschmacksprobe machen und heiß servieren.

Dazu gab man in Pommern ein Brötchen, deren es viele in Pommern gab; in Belgard z.B. die »Niejahrsschröttchen« Neujahrsschrippen, in Rummelsburg, Leba und Bütow gab es die Niejörkes oder Krämonkes, in Stettin gab es die Salzkuchen, die man in Berlin die Schusterjungs nannte, dann gab es noch, ebenso wie in Berlin, die Stettiner Schrippen und Knüppel, in Stolp waren die Pameln populär.

Nicht vergessen Linsen einzuweichen!

Wildschweinsschinken, in Linsenmus gebacken

Theodor Fontane, unser heimatlicher Dichterfürst, dem wir so vieles zu verdanken haben, hat dieses mecklenburgische Gericht in seinem Roman »Der Stechlin« genannt. Er, der doch in Neuruppin geboren wurde, kannte wie kein anderer die Sitten und Essensgewohnheiten unserer ostdeutschen Heimat.
Ihm zu Ehren wollen wir hiermit das untergegangene Rezept der Vergessenheit entreißen!

4 Personen

1,5 kg enthäuteter Wildschweinsschinken, ohne Knochen, 50 g Schmalz zum Braten, 80 g Räucherspeckabgänge, zum Würzen: Salz, Pfeffer, 5 zerdrückte Wacholderbeeren, 4 zerdrückte Gewürzkörner, 1 Lorbeerblatt, 125 g geputztes Wurzelwerk, 250 g zerkleinerte Wildknochen, 1 Tasse Rotwein, 1 Eßl. Mehl, 1/2 Eßl. Speisestärke;
für die Linsenmuskruste: 800 g Linsen, am Vortage eingeweicht, 100 g Rauchschinkenschwarte, kleingehackt, 200 g geriebenes, altbackenes Schwarzbrot, zum Würzen: Salz, Pfeffer, Prise Zucker, Spritzer Essig

Das Schinkenstück mit Salz und Pfeffer einreiben. Im vorgeheizten Ofen von 220 Grad in der Ofenpfanne das Schmalz mit den Speckabgängen heiß werden lassen, das Fleischstück hineinlegen und von allen Seiten scharf anbraten lassen. Dann gibt man die Wildknochen und die Gewürze hinein und läßt sie scharf mit anrösten. Danach das Wurzelwerk zugeben, das man ebenfalls gut anrösten läßt. Man nimmt es nun, nachdem das Fleischstück ca. 1/2 Stunde gebraten hat, heraus und legt es am Herdrand in einer Schüssel oder leerem Topf bereit. Das Röstwerk gießt man mit einem halben Liter Wasser oder Brühe an und läßt es zugedeckt auf dem Herd weiterkochen.
Zu Beginn des Bratvorgangs hat man zugleich auch die Linsen,

mit Einweichwasser bedeckt, mit den Schinkenschwarten aufgesetzt und zugedeckt weichkochen lassen.

Man hebt aus den weichgekochten Linsen die Schinkenschwarten heraus. Das geriebene Schwarzbrot gibt man in eine Rührschüssel und gießt durch ein Sieb den verbliebenen Linsenfond darauf, so daß man einen dicklichen Brei erzielt.

Die weichen, abgegossenen Linsen drückt man durch ein Sieb und gibt das Linsenmus zu dem geweichten Reibebrot. Man schmeckt dieses mit Salz, Pfeffer, Zucker und Spritzer Essig zu einem dicken Mus ab.

Man schlägt nun den angebratenen Wildschweinsschinken in das Linsenmus ein. Falls es zu naß ist, kann man etwas Mehl unterwirken. Das Fleischstück in Linsenmusteig legt man nun auf ein Backblech mit Rand und bäckt es im mittelheißen Ofen während ca. 2 Stunden gar.

Nun rührt man das Mehl und die Stärke in dem Rotwein an und dickt damit die Wildschweinssauce unter Umrühren ein. Man läßt die Sauce noch einige Mintuen kochen und schmeckt sie mit Salz, Pfeffer, Prise Zucker und Zitronensaft herzhaft ab, dann durch ein feines Sieb gießen.

Man bricht zum Anrichten des Essens die Linsenteigkruste auf, schneidet von dem Wildschweinsschinken Tranchen, legt dabei zu jeder Portion von der Linsenmuskruste an und gibt die Rotweinsauce extra in Sauciere.

Als weitere Beilagen dazu eignen sich Kastaniengemüse und alle Arten von Feldkohl. Der Chronist hat zu berichten, daß auch Sauerkraut nach altdeutscher Art hierzu tafelüblich war.

Das Gericht dürfte auf Zeiten zurückzuführen sein, als die von Friedrich dem Großen eingeführte Kartoffel in der Landwirtschaft noch unbekannt war.

Wolliner Rollaal   *Zu Vaters Geburtstag*

Ein altes heimatliches Küchenrezept von der Insel Wollin, die nunmehr unter polnischer Verwaltung steht.

Dieses alte Essen war besonders zu Festlichkeiten sehr beliebt und geschätzt.

4 Personen

1 dicker Aal von 1200 g Gewicht, an der Bauchseite aufgeschnitten, ausgenommen und enthäutet, 4 Eßl. Zwiebelwürfel, 4 Eßl. gehackte Petersilie, 2 Eßl. Kräuteressig, 1 Eßl. Salbeiblättchen, Salz, Pfeffer und Muskat

Den gesäuberten, abgespülten Aal mit der aufgeklappten Bauchseite auf das Schneidbrett legen und in 5 Zentimeter breite Stücke schneiden. Das Innere der so geschnittenen lappenartigen Aalstücke bestreut man mit Salz, Pfeffer, etwas Muskat, Zwiebelwürfel und gehackter Petersilie. Danach werden die Aalstücke zusammengerollt und mit einem dünnen Bindfaden Stück für Stück zugebunden.

Nun setzt man einen Topf mit ¾ Liter Wasser auf, gibt den Essig, Salz und Salbei daran und bringt den Sud zum Kochen. In diesem Zeitpunkt legt man die Aalröllchen in den Sud und läßt sie darin langsam während 15–20 Minuten garziehen.

Die gegarten Aalröllchen werden dann mit dem Schaumlöffel ausgehoben und in eine flache Schüssel plaziert, den Sud gießt man durch ein Sieb und schmeckt ihn mit Salz und Pfeffer ab. Nachdem er etwas erkaltet ist, gießt man soviel über die Aalröllchen, daß diese gerade bedeckt sind, so daß man nach dem Erkalten einen Aalsulz erhält.

Von den erkalteten Aalröllchen werden die Bindfäden entfernt, alsdann schneidet man von den Aalröllchen Scheiben, die man auf dem Teller anrichtet und mit Salatblatt und Zitronenscheiben garniert. Dazu ißt man in Wollin Butterbrot und Bratkartoffeln, die aber von erkalteten Pellkartoffeln sein sollen.

fig. 5

Heimatgerichte aus O
Danzi

Apfelklöße mit Zucker und Zimt

[handwritten: Doo möht i wieder riproosn to Ostpreußen!]

Eine köstliche süße Leibspeise, die besonders bei Ostpreußens Kindern in großer Gunst stand.
Das Rezept aus seligen Kindheitstagen wird manchem alten Ostpreußen und mancher alten Ostpreußin ein verklärtes Lächeln auf's Gesicht zaubern, Erinnerungen an das frühere stille Glück im Winkel.

4 Personen

450 g Mehl, gesiebt, 2 Eier, 50 g Butter, zerlassen, Prise Salz, 4 große oder 5 kleine säuerliche Äpfel, geschält, Kerngehäuse ausgestochen, in kleine Würfel geschnitten;
zum Guß: 80 g Zucker und 1/2 Teel. gemahlenen Zimt, 70 g Butter

Von dem Mehl, den zerquirlten Eiern, einer Tasse Wasser und Salz einen Teig anwirken und die zerlassene Butter am Schluß unterwirken. Den Teig solange wirken und schlagen, bis er trocken ist und sich von der Platte löst, den Teig dann 10 Minuten ruhen lassen.
Inzwischen die Apfelwürfel in der Schüssel leicht zuckern und nach und nach unter den Teig verkneten.
Einen Topf mit Salzwasser aufstellen, zum Kochen bringen und mit dem Eßlöffel eiförmige Klöße von der Masse in das kochende Salzwasser abstechen. Vor jedem Abstechen den Löffel in das kochende Wasser tauchen, damit sich die Klöße besser vom Löffel lösen.
Die Apfelklöße auf mäßiger Hitze 10 Minuten kochen, dann werden sie herausgenommen und auf einem Sieb abgetropft.
Man richtet die Klöße in einer vorgewärmten Schüssel an, gießt braune Butter darüber und bestreut sie abschließend mit Zucker und Zimt.

Errötende Jungfrau

Ein sommerlicher Nachtisch mit prickelndem, erfrischendem Geschmack. Buttermilch gab es im landwirtschaftlich reich ge-

segneten Ostpreußen soviel wie Glumse. So war auch diese Süßspeise landesüblich und bei jung und alt beliebt.

4 Personen

*1 l Buttermilch, 1 Zitrone, 225 g Zucker, 12 Blatt
rote Gelatine, 2 Eigelbe;
zur Sauce: ¹/₄ l süße Sahne*

Einen dreiviertel vollen Tassenkopf Wasser zum Kochen bringen, die zuvor eingeweichte Gelatine in dem zurückgezogenen
heißen Wasser auflösen. Den Zucker in die Gelatinelösung
schütten, mit Schneebesen schlagen und abschließend unter einigem Weiterschlagen die Eigelbe darunterrühren.
Diesen Gelatineappareil vermischt man nun schnell unter ständigem Rühren unter die kalte, bereitstehende Buttermilch. Mit
dem Reibeisen reibt man noch einige Striche Zitronenschale
(von ungespritzter Zitrone) hinein, rührt nochmals um und füllt
die Buttermilchspeise in eine Servierschüssel oder sogleich in
Portionsschalen, wo man die Speise erkalten und stocken läßt.
Als Sauce nimmt man die süße Sahne, die man aber bis zur
Hälfte des Üblichen ausschlägt, so daß sie dickflüssig sämig ist,
damit übergießt man die Buttermilchspeise und erhält so einen
köstlichen, gesunden Dessert.

Danziger Biersuppe

4 Personen

*¹/₂ l dunkles Bier, ¹/₈ l Milch, 30 g Butter, 20 g
Mehl, ¹/₂ Zitronenschalenabrieb, 1 kl. Stückchen
Zimtstange, 1 Nelke, 1 Messerspitze Salz, 1 Prise
Pfeffer, 2 Eßl. saure Sahne, 1 Tasse Weißbrotwürfel
und 1 Eßl. Butter zum Rösten, 1 Eigelb*

30 g Butter im Topf zerlassen, Mehl zuschütten, umrühren, eine
helle Mehlschwitze herstellen. Milch zugießen, mit dem Schneebesen glattrühren, dann mit Bier auffüllen. Zitronenschalenabrieb und die restlichen Gewürze zugeben, umrühren, eine Vier-
telstunde bei mäßiger Hitze kochen lassen, abschmecken mit
Prise Salz, 1 KL Zucker, Prise Pfeffer. Das Eigelb in der Sahne

99

verquirlen und unter die Suppe rühren, anschließend sofort zurückziehen. Mit dem Schaumlöffel die Nelke und Zimtstückchen ausheben.

Suppe in Tassen füllen, als Einlage die gerösteten Weißbrotwürfel einschütten.

Danziger Hammelkeule

4 Personen

1,2–1,5 kg Hammelkeule mit Knochen;
zur Marinade: ¼ l Essig, ¼ l Wasser, ½ l Rotwein,
6 Wacholderbeeren, 1 Lorbeerblatt, 7 Pfefferkörner, Messerspitze Nelkenpfeffer, ½ Teel. Thymian

Wasser und Essig aufkochen, die Gewürze mit aufkochen lassen, erkalten lassen, Rotwein zugießen, die Hammelkeule darin 3–4 Tage beizen lassen, gelegentlich umwenden.

3 Zwiebeln, grob zerschnitten, 100 g ger. Magerspeck, in Spickstreifen, 1 Tasse saurer Sahne, 100 g Schmalz, 1 Zehe Knoblauch, gerieben, 1 Eßl. Mehl, 1 KL Stärke

Die gebeizte Hammelkeule von Häuten an der Oberseite befreien und mit den Magerspeckstreifen spicken oder die Streifen einstecken. Keule mit Salz, Pfeffer und ger. Knoblauch einreiben. Im vorgeheizten Ofen (200 Grad) Schmalz in der Ofenpfanne heiß werden lassen, die Keule darin allseitig braun anbraten lassen, öfters wenden. Später die Zwiebelstücke mit anrösten lassen. Wenn dies geschehen ist, die Keule öfters mit einem Löffel saurer Sahne begießen, bis diese verbraucht ist. Dann, soweit erforderlich, mit wenig Wasser ablöschen, nur so weit, daß ein Anbrennen verhindert wird.

Der Bratvorgang benötigt ca. 1½ bis 2 Stunden. Die gare Keule herausnehmen, warmlegen zum späteren Schneiden.

Bratensatz mit heller Brühe ablöschen, ausspateln, Schuß von der Rotweinmarinade angießen, mit dem angerührten Mehl und der Stärke binden und eindicken. Würzen mit Salz und Pfeffer, die Sauce durchgießen.

Von der recht heißen Hammelkeule Scheiben gegen die Faser schneiden, Scheiben mit der Sauce bedecken.
Als Beilage grüne Bohnen oder Kohlgemüse von diversen Kohlarten reichen, ferner Salzkartoffeln.

Danziger Sauerkrautpastete

4 Personen

2 Hasenkeulen oder 750 g Wildfleisch, z. B. Hirsch, zum Schmoren, 1 Lorbeerblatt, 5 Wacholderbeeren, 5 Pfefferkörner, 4 Gewürzkörner, Salz, Pfeffer, Paprika zum Einreiben, 50 g Rauchspeckschwarten, 100 g geputztes Wurzelwerk, 50 g Schmalz, 800 g Sauerkraut, gekocht, 4 Scheiben geräucherten Magerspeck, 1/4 l Wildsauce, 300 g Blätterteig, vom Bäcker oder aus der Tiefkühltruhe im Handel

Das Wildfleisch mit Salz, Pfeffer und Rosenpaprika einreiben, Schmalz im eisernen Topf heiß werden lassen, das Fleisch darin allseitig braun anbraten, dann Wurzelwerk, Speckschwarten und Gewürze zugeben, darin mit anrösten lassen, mit wenig Wasser anschließend ablöschen, verdampfen lassen und dann mit 5/8 Liter Wasser angießen, zudecken und während ca. 1 1/2 Stunden garschmoren lassen. Fleisch dann herausnehmen, etwas erkalten lassen, entknöcheln, in Würfel von 2 × 2 cm schneiden.
Wildsauce mit angerührtem Mehl und Kartoffelmehl halb und halb eindicken, dann durchgießen, abschmecken mit Salz, Pfeffer, Zitronensaft, Schuß Rotwein, Prise Zucker.
In feuerfeste Backform lagenweise abwechselnd Sauerkraut und Fleisch einfüllen, dann 1/4 Liter Wildbratensauce darübergießen und einziehen lassen.
Nun die Magerspeckstreifen auflegen und das ganze mit ausgerolltem Deckel von Blätterteig abdecken.
Diese Krautpastete im vorgeheizten Ofen auf Mittelschiene bei ca. 200 Grad während einer halben Stunde abbacken.
Die Form heiß auf Platte zu Tisch bringen.

Danziger Stremellachs

Eine der bekanntesten Danziger Delikatessen neben dem berühmten Danziger Goldwasser.

Rezept: Einen Lachs bereitet man folgendermaßen vor: Man schneidet hinter den Kiemen den Kopf ab. Sodann fährt man mit dem Auslösemesser in Schnittrichtung vom Kopfstück zum Schwanz direkt an der Rückgratgräte entlang, so daß man den Lachs in zwei Hälften spalten kann.

Die in der einen Hälfte verbliebene Rückgratgräte löst man ebenfalls aus. Die Arbeit erfordert Sorgfalt und Geschick, weil man so wenig als möglich von dem kostbaren Lachsfleisch wegschneiden darf. Man reinigt den Lachs von den Innereien und reibt die Seiten mit einem Salzgemisch von 3 Teilen Salz und 1 Teil Salpetersalz ein und läßt die Seiten so 24 Stunden an kühlem Ort liegen.

Dann beseitigt man alle noch verbliebenen Bauchgräten aus den Lachsseiten, man kann die langen Bauchgräten mit einer sauberen Flachzange herausziehen. Die Seiten werden dann mit einem sauberen Tuch abgetrocknet. Nun umhüllt man die Lachsseiten mit Papier oder Gaze und hängt sie, auf Rauchspießen angeordnet, in den kalten Rauch.

Den Rauch erzeugt man mit Sägespänen, unter die man einige Wacholderreiser gemischt hat.
Räucherdauer 24 Stunden.

Danziger Zodderklopse

4 Personen

600 g durchwachsenes Schweinefleisch, durch grobe Wolfscheibe gedreht, 150 g Zwiebeln, gewürfelt, 75 g Schmalz, 1/2 Eßl. Majoran, 800 g abgekochte gepellte Pellkartoffeln, in Scheiben, Salz und Pfeffer zum Würzen;
als Beilage: 350 g Preiselbeerkompott und 2 in Scheiben geschnittene süßsaure Gurken, hilfsweise einige Früchte aus dem ostpreußischen Rumtopf, auf Glastellern separat zum Essen angerichtet

103

Das gesalzene und gepfefferte Schweinsgehäck in 30 g heißem Schmalz scharf anbraten, dabei öfters umrühren, dann die Zwiebelwürfel zugeben und in dem krümeligen Gehäck mit anrösten, den Majoran darüber streuen und beiseite ziehen. Nebenher brät man in einer Stielpfanne mit den restlichen 45 g Schmalz die Pellkartoffelscheiben schön goldbraun an und rührt sie dann unter das Zwiebel-Schweinsgehäck.

Heiß auf Tellern mit den oben genannten Beilagen zu Tisch bringen.

kom öfter dar kunn wor nicf fulen.

Fischsalat von kurischem Haffzander

Auf der Kurischen Nehrung mit ihrer berühmten Vogelwarte Rossitten und dem Seebadeort Cranz wie auf der Halbinsel Samland und an dem Küstenstreifen des Frischen Haffs war der Zander in reichem Vorkommen. Blieb von einer Zandermahlzeit einmal gekochtes Fischfleisch übrig, so machte man davon diesen beliebten Salat, zu dem man übrigens auch Reste anderer Fischarten verwenden konnte.

4 Personen

500 g gekochte Zanderreste, in Würfeln, 200 g kalte Pellkartoffeln, in Würfeln, 1 Salzgurke, in Würfeln, 1 Zwiebel, in Würfeln, 6 Sardellenfilets, gehackt, 1–2 Eßl. Essig, 3 Eßl. Öl, 1/2 Tasse saurer Sahne, 1 KL geriebener Meerrettich, 1 Eßl. gehackte Petersilie, 1 Eßl. geschnittene Dillspitzen;
zum Würzen: Salz, Handmühlpfeffer und eine Prise Zucker

In einer Schüssel mit dem Schneebesen die Sahne verrühren, Essig und Öl unterziehen, dann die übrigen Zutaten, Sardellenfilets, Zwiebeln, Meerrettich, Petersilie und Dillspitzen, mit dem Salatbesteck unterheben, anschließend die Gurkenwürfel und Kartoffelwürfel unterheben, schließlich als letztes die Fischwürfel untermischen.

Mit Salz, Handmühlpfeffer und einer Prise Zucker abschmecken. Den Salat einige Stunden durchziehen lassen, zum Verzehr gar-

nieren mit Salatblättern, hartgekochten Eischeiben, Tomatenecken, Lachs und dergleichen Dekor. Als Zukost gab man Toast
und Butter oder auch Landbrot.

Glumsbutter

Glumse wurde in Ostpreußen der Quark genannt. Er war dort
eines der reichlich vorkommenden Volksnahrungsmittel und
sehr billig. Ostpreußen hatte neben seinen landwirtschaftlichen
Erzeugnissen, darunter auch dem Hopfenanbau, eine große und
bedeutende Viehzucht, darunter in nicht geringem Umfange
Rinder- und Schweinezucht. Glumse kam in Ostpreupen in vielerlei Zubereitungsarten und Variationen auf den Familientisch,
sei es als Brotaufstrich, als Süßspeise, Klöße, als Flinsen, Glumsnudeln, Glumsauflauf oder sonstige Speisen dieses gesunden und
bekömmlichen Nahrungsmittels.
Nun zum Rezept für die Glumsbutter! *vom Dittken Glumsn foln*

4 Personen

150 g Quark (Glumse), 50 g Süßrahmbutter, 1 KL
geriebenen Meerrettich, 1 Eßl. Schnittlauch, fein ge-
schnitten

Die Butter in einer Schüssel mit dem Schneebesen schaumig
rühren, dann löffelweise den Quark unterrühren, abschließend
die restlichen Zutaten unterziehen.
Diesen gesunden Brotaufstrich nimmt man zu Brötchen, Grau-
brot, Schwarzbrot oder auch Weißbrot.

Glumsbutter auf andere Art

4 Personen

150 g Quark (Glumse), 50 g Süßrahmbutter, 1 Eßl.
feine Zwiebelwürfel, 1 Eßl. Schnittlauch, fein ge-
schnitten, 2 Eßl. gehackte Sardellenfilets

Die Butter in der Schüssel schaumig rühren, dann löffelweise
den Quark, anschließend die übrigen Zutaten unterrühren und
als Brot- oder Brötchenaufstrich verwenden.

105

Glumskäschen

Kinn Dannbrot!

In Ostpreußischen Lebensmittelgeschäften wie auch in Molkereien, den Landgütern und Bauernhöfen, waren die runden Glumskäschen stets im Vorrat bzw. im Handel, sie waren spottbillig. Auf Platte angerichtet, garniert mit Salatblättern, Radieschen und Tomatenecken, bestreut mit gehackter Petersilie und Schnittlauch, waren sie herrlich anzusehen.

4 Personen

700 g Quark (Glumse), 1 KL gehackten Kümmel, 1/2 Tasse süßen Rahm, Prise Salz, 1 Eßl. Schnittlauch

Den Quark durch ein Sieb streichen und alle übrigen Zutaten mit dem Quark (Glumse) vermischen.

Davon runde, flach gedrückte Käschen ausformen, die in der eingangs beschriebenen Weise angerichtet und ausgarniert werden.

Dazu ißt man Landbrot, das möglichst im Steinofen gebacken wurde und gute frische Landbutter.

Glumsnudeln

4 Personen

350 g Quark (Glumse), 350 g Mehl, 2 Eier, 50 g Zucker, Prise Salz, 80 g Butter

Den Quark durch ein Sieb streichen, Prise Salz, den Zucker und die Eier darunterrühren, dann soviel Mehl unter die Glumse rühren, daß man einen trockenen ausrollfähigen Teig erhält.

Diesen Glumsnudelteig rollt man auf gemehlter Platte aus und schneidet davon nudelähnliche Streifen.

Man kocht diese Glumsnudeln in leicht gesalzenem Wasser bei mäßiger Hitze während 10 Minuten langsam gar, gießt sie dann auf ein Sieb und richtet sie in einer Servierschüssel an.

Zum Abschluß übergießt man die Glumsnudeln mit brauner Butter, als Beilage reicht man entweder grünen Schmandsalat oder ein Dunstobst der Jahreszeit bzw. eingemachtes Obst.

In jedem Fall hat man so ein echtes ostpreußisches Leibgericht.

Nur mal in Flensburg ## Gründonnerstag-Kringel

Dieses Gebäck war in ganz Ostpreußen landesüblich, es wurde in verschiedenen Größen gebacken. Wie schon der Name sagt, wurde es besonders kurz vor dem christlichen Osterfest am Gründonnerstag verzehrt, dabei durfte das berühmte Königsberger Marzipan nicht fehlen. In einigen ostpreußischen Haushalten im Westen unseres Landes wird der alte Brauch auch heute noch gepflegt, möge er durch nachstehend aufgeführtes Rezept erhalten und weiterverbreitet werden.

4 Personen

500 g gesiebtes Mehl, 40 g zerbröckelte Frischhefe, 1/4 l lauwarme Milch, 100 g Zucker, 2 Eier, Prise Salz und Zitronenabrieb;
zur Füllung: 150 g gekühlte Butter, 200 g Marzipanmasse (im Handel erhältlich);
zum Bestreuen: 100 g süße Mandeln, grob gehackt, 150 g Sulatinen, 2 Eigelbe zum Bestreichen, 100 g grob gehacktes Zitronat, 75 g Puderzucker

Das gesiebte Mehl in eine Schüssel geben, in der Mitte eine Vertiefung anrichten, darin mit der in Milch aufgelösten Hefe das Hefestück anrühren, auf dem Mehlrande Zucker, die Eigelbe, Prise Salz und den Zitronenabrieb verteilen, zudecken und am warmen Ort bis zum Doppelten aufgehen lassen. Nun das Hefestück mit dem Mehl zu einem trockenen Teig verkneten, auf gemehlter Platte zudecken und nochmals gehen lassen.

Nach dem Gehen den Teig auf gemehlter Platte zentimeterdick ausrollen, mit Butterscheibchen und Marzipanscheibchen belegen, zur Hälfte überschlagen, nochmals ausrollen und diesen Vorgang noch ein- bis zweimal wiederholen.

Zum Schluß rollt man den Teig ca. 3/4 Zentimeter dick aus und schneidet davon Streifen von 3 cm Breite und 12 Zentimeter Länge aus, die man zu Spiralen dreht und auf ein gemehltes Backblech setzt.

Nun bestreicht man die Kringel mit verrührtem Eigelb, bestreut sie mit gehackten Mandeln, Zitronat und Sultaninen.

Bei mäßiger Hitze von 180 Grad bäckt man die Kringel auf der Mittelschiene während 30—40 Minuten goldbraun aus.

107

Man bestäubt die ausgebackenen Kringel mit Puderzucker oder begießt sie nach Belieben mit Zuckerguß.

Handwerker-Essen

Ein Gericht aus der ehemals deutschen Stadt Danzig.

4 Personen

Dazu Kartoffeln

450 g Hammelfleisch, ohne Knochen, 300 g durchwachsenes Schweinefleisch, ohne Knochen, 30 g Butter oder Schmalz, 1 Teel. Salz, Pfeffer, 1 geriebene Knoblauchzehe, 1 Teel. Majoran, 1 Ei und 2 Eßl. Semmelmehl, 100 g geräucherten Magerspeck, 100 g Zwiebeln, gewürfelt, 45 g Mehl, ³/₈ l Fleischbrühe, 250 g abgekochte Waldpilze oder Champignons

Hammel- und Schweinefleisch durch feine Wolfscheibe drehen, zusammen mit Ei, Semmelmehl, Salz, Pfeffer, Knoblauch und Majoran zu einer gut bindenden Klopsmasse verkneten.

Daraus runde Klopse formen, die auf der Pfanne in heißem Fett beidseitig braun gebraten werden.

Den Würfelspeck läßt man in einem Topf entsprechender Größe ausbraten und schwitzt dann die Zwiebelwürfel darin mit an. Man schüttet nun das Mehl in den Speck, rührt um und füllt ³/₈ Liter Fleischbrühe auf. Mit dem Schneebesen glattrühren.

Danach gießt man von dem Pilzfond in die Sauce, die man mit Salz und Pfeffer abschmeckt.

Die gebratenen Fleischklopse und Pilze nun in die Sauce geben und alles nochmals bei kleiner Hitze 10 Minuten durchkochen lassen.

Man richtet das Danziger Handwerker-Essen entweder portionsweise an oder in einer großen Terrine, dazu reicht man als Beilage Salzkartoffeln.

Hirschkeule geräuchert

Eine in Vergessenheit geratene Spezialität aus deutschen Landen, die für ihren Wildreichtum bekannt waren. Gerade dazu gehörte auch stets unsere alte Provinz Ostpreußen.

Rezept: Ein Hirschschinken von 10 kg Gewicht, ohne Bein und ohne Schlußknochen, d.h. es soll sich nur noch der Röhrenknochen in der Keule befinden, 400 g Salz, 15 g Salpeter, 50g handgemühlte Pfefferkörner, halb weiß, halb schwarze

Salz und Salpeter gut miteinander vermischen und den Hirschschinken mit dem Gesälz solange einreiben, bis das Fleisch kein Salz mehr aufnimmt. Den Hirschschinken so an kühlem Ort in einem irdenen Gefäß 7 Tage durchpökeln lassen. Dann den Hirschschinken herausnehmen, gut abtrocknen und von allen Seiten mit dem Pfeffer einreiben.

An sehniger Stelle mit der Dressiernadel und starkem Bindfaden Schlaufen einziehen und diese zuknoten, damit man das Stück auf einen Rauchspieß hängen kann.

Man hängt den gepökelten Hirschschinken in einen kalten Rauch aus Buchenschmok, in den man ab und zu auch Wacholderzweiglein einlegt. Es ist zu bemerken, daß die Rauchkammer reichlich Luftzug haben muß, um ein gutes Räucherresultat zu erzielen.

Der Schinken bleibt so 8 Tage im kalten Rauch hängen und wird dann herausgenommen.

In dünne Scheiben geschnitten, ißt man ihn zum Butterbrot.

Komm-Wieder-Essen

Rezept deutscher Minderheiten im Baltikum.

4 Personen *Dreifulbnuur dorzu*

Eierkuchenteig; 350 g gesiebtes Mehl, ¼ l Milch,
3 Eier, ½ KL Salz, Strich Muskat;
Eierkuchenfüllung; 1 abgekochte Schweins- oder
Kalbsniere, 250 g Bratenreste, 1 Zwiebel, gewürfelt,

110

40 g Butter, 1 Eßl. Kapern, gehackt, 1 Ei, Salz und Pfeffer, 1/2 Tasse Bratensauce, evtl. vom Würfel; Panade; 500 g Semmelmehl, 2 zerquirlte Eier, 80 g Butter

Von Mehl, Eiern, Milch und Gewürz rührt man mit dem Schneebesen in der Schüssel einen regelrechten Eierkuchenteig an.

Dann schneidet man die Bratenreste und die Niere in feine Würfelchen oder man dreht sie durch eine grobe Wolfscheibe. Im Topf schwitzt man in heißer Butter die Zwiebelwürfel an, gibt dann die Fleisch-Nierenwürfel hinzu und läßt unter Umrühren anrösten, hiernach mit der Bratensauce angießen und etwas einkochen lassen, dann vom Herd zurückziehen.

Nachdem das Ragout etwas erkaltet ist, ein zerquirltes Ei, die Kapern und Gewürze untermischen.

In der Pfanne bäckt man nun in heißer Butter Eierkuchen aus, jedoch nur auf einer Seite, man legt die gestockten Eierkuchen auf die Tischplatte, gibt 1—2 Löffel der Fleischfüllung darauf, vverstreicht sie und klappt die Eierkuchen von zwei Seiten her zusammen. Sie werden nun durch die Eipanade gezogen und in Semmelmehl paniert.

Anschließend in der Pfanne in aufsteigender Butter die gefüllten Eierpfannkuchen beidseitig goldbraun backen.

Heiß mit Preiselbeeren servieren.

Königsberger Klopse mit Kapernsauce

4 Personen

275 g durchgedrehtes Schweinefleisch, 275 g durchgedrehtes Rindfleisch, 1 altbackene eingeweichte Semmel, 1 Ei, 1 gewürfelte Zwiebel, Salz, Pfeffer, Strich Muskat;
Sauce: 50 g Butter, 45 g Mehl, einen halben Liter von der Klopsbrühe, 2 Eigelbe, 3 Eßl. Kapern, Salz, Pfeffer, Prise Zucker, 1/2 Zitronensaft

Die eingeweichte Semmel gut ausdrücken, mit dem Fleischgehäck und den Gewürzen eine Hackmasse von guter Bindung herstellen, deshalb gut durcharbeiten.

1 ¼ Liter Salzwasser aufstellen, zum Kochen bringen, mit nassen Händen 8 runde Fleischbällchen ausformen, in das kochende Wasser einlegen und während 15−20 Minuten garkochen.

In einem gesonderten Topf setzt man nun die Sauce an. Butter heiß werden lassen, das Mehl zuschütten, umrühren und ½ Liter heiße Klopsbrühe aufgießen. Mit dem Schneebesen sofort glattrühren, Sauce 10 Minuten langsam ausquellen lassen, öfters umrühren, Kapern zugeben, mit Salz, Pfeffer, Zucker, Zitronensaft abschmecken.

Die 2 Eigelbe in etwas Milch zerquirlen und unter Umrühren die Kapernsauce damit sämig legieren.

Nach ostpreußischer Sitte serviert man die Klopse in der heißen Sauce in einer Terrine und reicht dazu gesondert Kartoffelmus.

Als weitere Beilage schmecken saure Salzgurken und Salat von roter Beete.

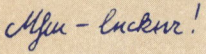

Königsberger Marzipan

Eine Süßwarenspezialität, die auch heute noch überall im restlichen Deutschland bestens bekannt und geschätzt ist. Die Tradition wird in einigen Betrieben Westdeutschlands weiter fortgeführt, wie auch z.B. die Herstellung des Danziger Goldwassers von einer Holsteiner Firma weiter fortgeführt wird.

Rezept: 500 g gebrühte, abgezogene, süße Mandeln, 25 g gebrühte, abgezogene, bittere Mandeln, 175 g Zucker und ½ Tasse Wasser, 350 g Puderzucker, 1 Teel. Rosenwasser, 125 g kandierte Kleinfrüchte bzw. Gelee, Garnierfrüchte

Die Mandeln zweimal durch die Mandelmühle drehen.

Zunächst stellt man die Rohmasse folgendermaßen her: Man gibt die durchgedrehten Mandeln, die 175 g Zucker und das Wasser in eine Kasserolle und rührt die Masse mit einem Holzlöffel auf mäßiger Hitze solange ab, bis sie trocken ist. Sie darf am Handteller nicht mehr kleben, dann ist sie richtig. Diese Rohmasse läßt man in geschlossenem Karton bis zum nächsten Tag ruhen. Am nächsten Tag wird diese Marzipanrohmasse mit dem Puderzucker und dem Rosenwasser angewirkt. Von dieser fertigen Marzipanmasse stellte man in Königsberg sogenanntes Randmarzipan her.

In kleinen Förmchen drückt man Marzipanmasse ein und stürzt den Inhalt auf ein Backofenblech, die Vertiefungen in den Marzipanfiguren garniert man mit Spezialgarnierfrüchten, die kandiert sind. Die Oberflächenränder des Marzipans bestreicht man mit dickem Zuckerwasser.

Bei großer Oberhitze werden diese Marzipanstücke im Ofen auf oberer Schiene kurz abgeflämmt. Geleegarniturfrüchte legt man erst nach dem Abflämmen auf.

Man kann auch von Hand Figürliches formen, wenn man genügend Geschick hat.

inschmäckt forts.

Königsberger Rinderfleck

Königsberg, Krönungsstadt Friedrichs des Großen, Urheimat der einst volkstümlichen Flecklokale, im Volksmund Flackwiewer genannt. In diesen Lokalen war der Fleck-Kessel ständig am dampfen, Fleck, ein Spezialessen, das völlig zu Unrecht aus dem Brauchtum abhanden kam. Bei steifem Ostwind und klirrendem Frost war dies ein kerniges Ostpreußen-Essen. Die Flecklokale im Hafenviertel waren schon vor dem ersten Hahnenschrei geöffnet, hier gaben sich Nachtbummler, aber auch die Stauerslüt vom Hafen ein Stelldichein.

Ein tiefer Teller würzige Rinderfleck, das wärmte gut durch und gab wieder neue Lebensgeister. Man aß die Fleck mit einem Klackß'che Mostrich drin, und ein Schälchen Meiran mußte dazu mit auf dem Tisch stehen, ein Tulpche Ostpreußenbier dazu und einen Klaren nachgespült, da war man wieder fit.

Selbst auf den Wochenmärkten boten fliegende Händler in dampfenden Kesseln das urwüchsige Heimatgericht feil.

Selbst bis nach Berlin hin wurde das Fleckessen besonders ausgangs des vorigen Jahrhunderts populär. Zuwanderer hatten das bewirkt, aber auch die Rekruten, die einst beim Infantrie-Regiment No. 1 in Königsberg gedient hatten und nach ihrer Wehrpflicht wieder nach Berlin zurückkehrten.

113

4 Personen

1000 g Pansen (Rinderfleck), möglichst vom jungen Rind, 1000 g Rindermarkknochen, 1000 g Knollensellerie, geputzt, in Würfeln geschnitten, 3 Petersilienwurzeln, geputzt und in Würfeln, 2 Möhren, geputzt und in Scheiben oder Würfeln, 3 Zwiebeln, in Würfeln, 8 Pfefferkörner, 8 Gewürzkörner, zerstoßen, 2 Lorbeerblätter, 3 Eßl. Majoran, 1–2 Eßl. Essig, Salz zum Würzen

Rinderpansen waschen, säubern und wässern, das Wasser öfters abgießen und erneuern.

Die Fleck in grobe Stücke schneiden, zusammen mit den Knochen knapp mit Wasser bedeckt aufsetzen und beim Ankochen abschäumen. Nun etwas Salz und die Gewürze, in sauberem Läppchen eingebunden, zugeben und zugedeckt ungefähr 3 ½ Stunden kochen lassen, dann das Suppengemüse zugeben und darin mitgarkochen lassen. Zum Schluß durch Daumendruckprobe prüfen, ob die Fleckstücke gar sind, dann herausnehmen und etwas abkühlen lassen, anschließend mit dem Schaumlöffel die ausgekochten Markröhrenknochen herausheben. Die abgekühlten Fleckstücke nun entweder nudelig oder in Würfel schneiden und wieder in die Flecksuppe zurückgeben. Die Suppe soll sämig eingekocht sein, sie wird nicht mit Mehl gebunden. Abschmecken mit Salz, Pfeffer und Essig, heiß servieren und ein Schälchen Meiran und Mostrichmenage dazustellen.

Kopfsalat mit Schmand

Eine typisch ostpreußische Anmachmethode für grünen Salat. Dabei muß neben dem Schnittlauch, den man aber schneiden und nicht etwa hacken muß, viel grüner Dill dabei sein.

4 Personen

1 große oder 2 kleine Köpfe Salat, 1 Tasse saurer Sahne, 1 Eßl. geschnittener Schnittlauch, 1 Eßl. geschnittene Dillspitzen, ½ Zitronensaft, 1 Eßl. feine Zwiebelwürfel, Salz, Zucker und eine Prise Handmühlpfeffer

Den Salat entblättern, die Herzen ganz lassen, waschen, auf dem Sieb abtropfen lassen und dann in sauberem Küchentuch ausschleudern, so daß die Blätter soweit wie möglich trocken sind.

Nun in einer Schüssel den Salatfond anmachen; die Sahne mit dem Schneebesen verrühren, Zwiebelwürfel, Schnittlauch, Dillspitzen und Zitronensaft daruntermischen, mit Salz, einer Prise Zucker und wenig Pfeffer geschmacklich vollenden.

Die Salatblätter mit einem Salatbesteck vorsichtig unter den angemachten Fond heben.

Den Salat auf Glastellern anrichten, es sieht schön und dekorativ aus, wenn man obenauf eine Scheibe Tomate legt und noch Petersilie darüberstreut.

Auf gleiche Weise ist in Ostpreußen der Gurkensalat begehrt gewesen.

Kurländischer Hering

4 Personen   *Nimm Dillkartoffeln dazu.*

8 Stck. frische Heringe, ausgenommen, geputzt, gesäubert, 50 g Mehl zum Wälzen, 8 Scheiben geräucherten Magerspeck ohne Schwarte, 100 g Zwiebeln in Scheiben, 3/4 Tasse süßer Sahne, 1 KL Tomatenmark, 1 Tasse Speiseöl zum Braten, 70 g Reibekäse, dazu 2 KL Butter, Salz, Pfeffer und 2 Eßl. Essig

Die vorbereiteten Heringe, mit dem Essig säuern, salzen, pfeffern, in Mehl wälzen und in heißer Ölpfanne beidseitig braun anbraten, die Heringe nicht garbraten, in eine feuerfeste Schüssel oder Form übereinander bzw. nebeneinander legen.

Sodann in heißem Speiseöl die Zwiebelscheiben in der Pfanne anbraten, über die Heringe verteilen, dann die Speckscheiben in heißer Pfanne beidseitig anrösten und über die Heringe verteilen.

Nun das Tomatenmark in der Sahne verquirlen, über die Heringe gießen, den Reibekäse darüber streuen, einige Butterflöckchen darüber, auf Mittelschiene im vorgeheizten Ofen bei scharfer Oberhitze kurz überbacken und dann servieren.

Dazu schmecken am besten Pellkartoffeln.

115

Merlan gebacken

Der Merlan kam, muß man wohl sagen, auch reichlich im Fang-
gebiet der Ostsee vor, er ist sonst auch unter der Bezeichnung
Wittling und Gadden bekannt geworden. Der Fisch wird 30 bis
40 Zentimeter lang, hat glänzende Schuppen und schwarze Flossen, das Fleisch ist von vorzüglichem Geschmack und leicht ver-
daulich. Noch vor dem letzten Kriege war der Fisch selbst in
Berlin auf Berliner Speisekarten populär, man bekommt ihn
heute kaum noch zu Gesicht.

4 Personen

4 Merlane à je 400 Gramm, 1–2 zerquirlte Eier zur
Panade, 50 g Mehl, 100 g Semmelbrösel, Salz, Pfef-
fer, 2 Zitronen, 1 Petersiliensträußchen, 100 g But-
ter zum Braten

Die Merlane werden geschuppt, ausgenommen und gewaschen,
Kopf und Flossen abschneiden. Die Fische gut abtropfen und
mit einem Tuch abtrocknen.
Nun die Merlane salzen, pfeffern und mit Zitronensaft säuern,
einige Minuten beizen lassen, dann in Mehl wälzen, anschließend
durch das Ei ziehen und in Semmelbrösel wälzen.
In großer Stielpfanne die Butter aufsteigen lassen, die Fische
einlegen und unter öfterem Wenden mit dem Pfannenmesser auf
mäßiger Hitze langsam von beiden Seiten schön goldbraun braten lassen.
Wer einen Pommesfrites-Topf hat, kann die panierten Fische
auch in heißem Backfett von 180 Grad schwimmend ausbacken.
Man legt als Garnitur Blattsalat mit Petersiliensträußchen und
Zitronenecken an, als Beilage dienen Schmandkartoffeln mit
viel Dill, aber auch Salzkartoffeln und grüner Schmandsalat.
Es ist auch üblich, die gewürzten Merlane durch Milch zu ziehen, dann in Mehl zu wälzen und so in heißem Fett schwimmend
auszubacken.

Molthainer Torte

4 Personen

Zum Tortenboden: 100 g gesiebtes Mehl, 100 g Speisestärke, 4 Eigelbe, 4 Eiweiße, 2 Eßl. lauwarmes Wasser, 150 g Zucker, 1 P. Vanillezucker, 2 Teel. Backpulver, ½ Zitronenabrieb;
für die Tortenfüllung: ½ l Milch, 4 Eigelbe, 1 P. Vanillezucker, 70 g Zucker und 60 g Zucker, 120 g Butter, 30 g Mehl;
für den Tortenguß: 125 g Puderzucker, 1 KL Rum, 20 g Butterschmalz, 125 g Krokant zum Bestreuen

Eigelb mit Wasser im Kessel schaumig rühren, dann Zucker, Vanillezucker, Prise Salz und Zitronenabrieb etappenweise zugeben. Diese Eimasse muß solange geschlagen werden, bis sich eine dicke cremige Masse ergibt. Als nächstes wird das steif ausgeschlagene Eiweiß unter die Masse gehoben. Abschließend wird das Mehl mit der Speisestärke und dem Backpulver, innig vermischt, vorsichtig untergehoben.

Die Tortenbodenmasse in eine gebutterte Springform einfüllen und auf Mittelschiene im vorgeheizten Ofen von 180 Grad abbacken. Backdauer 30 Minuten. Der erkaltete Tortenboden wird zweimal quer durchgeschnitten.

Die Milch mit dem Vanillezucker zum Kochen bringen, nebenher die Eigelbe mit 70 g Zucker schaumig rühren, das Mehl in die schaumige Masse unterrühren, die kochende Milch zugießen, dabei ständig mit dem Schneebesen umrühren. Die Masse kurz bei ständigem Rühren ankochen und sofort beiseiteziehen und erkalten lassen.

Man rührt nun die Butter mit 60 g Zucker schaumig und rührt dann die erkaltete Creme eßlöffelweise nach und nach unter die Butter.

Die aufgeschnittenen Tortenböden werden mit ¾ der Creme bestrichen und wieder aufeinander gesetzt, der letzte obere Bodendeckel wird mit dem Rest der Creme bestrichen, sodann wird die ganze Außenseite der Torte, d.h. der Rand und die Oberseite, mit Krokant bestreut, sodann stellt man die Torte für ein bis zwei Stunden in den Kühlschrank zum Anziehen und Durchziehen.

Ostpreußischer Bärenfang

Meschkinnes der wird mer drinnern Sinnes!

Ein echt ostpreußischer Landestrank, von den Einheimischen Meschkinnes genannt. Zwei Gläschen davon sollen gut sein für Kopf, Bauch und Bein, heißt es und weiter: wer mehr davon trinkt als zwei Meschkinnes, der wird plötzlich anderen Sinnes. Dahin geht die Gedächtniskraft und das Denken, das wird mangelhaft, dann kommt man aus dem Gleichgewicht, denn die Beine, die gehorchen nicht. Und nun zu den Einzelheiten des Masurenrezeptes!

> $1/2$ l Weingeist, 96%, 250 g Heide- oder Akazienhonig, $1/4$ Vanillestange, aufgeschlitzt, 1 Gewürznelke, 1 kl. Stck. Stangenzimt, 1 Tasse Wasser

Die Tasse Wasser möglichst in feuerfestem irdenen Kochgeschirr ankochen lassen und die Gewürze darin ausziehen lassen, Hitze nach dem Einlegen abschalten.

Wasser erkalten lassen, durch ein Sieb gießen, den Honig in dem gewürzten Wasser auflösen, evtl. auftretenden Schaum abschöpfen, den Weingeist zugießen, umrühren, auf Flasche abfüllen und zukorken.

Das Getränk soll wenigstens eine Woche ablagern, bevor es verbraucht wird.

Ostpreußischer Betenbartsch

Diese Ostpreußensuppe hat viel Ähnlichkeit mit der russischen Borschtsch, war im Ermland so beliebt wie in Königsberg, Tilsit oder Gumbinnen, da tauchen wieder Erinnerungen auf an Allenstein, an die Ortelsburg, Osterode, Marienburg, Trakehnen, Lyk und Eidtkuhnen!

4 Personen

> 500 g Rote Rüben, 750 g Rindersuppenfleisch, 1 Mohrrübe, Stückch. Lauch und Knollensellerie, 2 Zwiebeln, gewürfelt, $1/2$ Tasse saurer Sahne, 2 Eßl. Essig, 45 g Mehl, Salz, Pfeffer, 1 Eßl. Zucker, $1/2$ Eßl. Majoran

119

Die Roten Rüben unter Wasser bürsten, säubern, ungeschält garkochen, abgießen, dann dünn abschälen, dann raffeln oder streichholzgroße Streifen schneiden, diese mit dem Essig säuern. Rindfleisch in kaltem Wasser ansetzen, beim Aufkochen abschäumen, Salz und das geputzte Wurzelwerk zusetzen, während 1½ Stunden langsam garkochen. Rindfleisch herausnehmen, in kleine Würfel schneiden, Rinderbrühe durchsieben. Rote Rübenstreifchen in die Brühe geben, Mehl in der Sahne anrühren, die Suppe damit andicken, mit Salz, Pfeffer, Zucker, Essig und Majoran abschmecken. Die Rindfleischwürfel in die Suppe geben, umrühren und heiß servieren.

Zu dieser Suppe reicht man gesondert abgepellte Pellkartoffeln oder auch Salzkartoffeln.

Das mitgekochte Suppengrün kann ebenfalls, kleingeschnitten, als Suppeneinlage Verwendung finden!

Ostpreußische Keilchen aus Heilsberg

Dort schmeckt em so apport, Hailsbarcher!

4 Personen

700 g abgekochte, gepellte, erkaltete Pellkartoffeln, 700 g geschälte rohe Kartoffeln, 400 g Schweinebauch, ohne Knochen und ohne Schwarte, 100 g geschälte Zwiebeln, in Scheiben, Salz und handgemühlten Pfeffer

Die rohen Kartoffeln reiben und im Etamintuch gut auspressen, so daß man eine bröckelige, rohe Kartoffelmasse erhält.

Die gekochten Kartoffeln durch mittlere Wolfscheibe drehen. Beide Kartoffelmassen mit Würzung von Salz zu einem festen Kloßteig durcharbeiten. Mit nassen Händen formt man längliche Klöße ca. 3 cm dick und 8 cm lang, die man in mäßig kochendem Salzwasser abkocht.

Das Bauchfleisch schneidet man in feine Würfel, höchstens 1 × 1 cm, die man in einer Pfanne in wenig heißem Fett scharf anbrät, dabei öfters umrühren. Nachdem die Fleischwürfel braun angebraten sind, gibt man auch die Zwiebelscheiben dazu und läßt diese in dem feinen Bauchragout mit anbraten, abschließend mit Salz und Pfeffer würzen.

Man hebt die länglichen Keilchen mit dem Schaumlöffel aus der Kloßbrühe, läßt sie gut abtropfen und legt sie auf Teller oder Platte, dann bedeckt man die Keilchen mit dem fertigen Schweinebauchragout.

Ein echt kerniges Ostpreußen-Essen, ein Hauch aus Masuren.

Ostpreußische Heilsberger Keilchen II

4 Personen

500 g Mehl, ¼ l Milch und ½ Teel. Salz, 250 g Preiselbeeren oder Blaubeeren, 2 Eßl. Zucker

Man gibt das gesiebte Mehl in eine Schüssel, Salz dazu und gießt soviel Milch zu dem Mehl, daß man bei der Durchknetung einen festen, ausrollfähigen Teig erhält.

Die frischen Beeren zuckert man nebenher in einer Schüssel an und läßt sie auf einem Sieb abtropfen.

Einen Topf mit 1½ Liter Salzwasser aufsetzen und nebenbei zum Kochen bringen.

Dann rollt man auf gemehlter Platte den Teig aus und schneidet daraus Vierecke von 8 × 8 cm.

Auf jedes Viereck legt man ein Häufchen von dem Beerenobst, bestreicht die Ränder mit Wasser oder Eierstreiche und drückt ein freies Viereck darauf fest, so daß man eine Art Ravioli erhält!

Die gefüllten Keilchen kocht man nun bei mäßiger Hitze langsam während ca. 15 Minuten gar.

Man richtet die Keilchen, gut abgetropft, an, gibt zerlassene Butter darüber und bestreut sie sich nach Belieben mit Zucker.

Ostpreußische Kürbissuppe

4 Personen

400 g geschältes Kürbisfleisch in Stücken, ¾ l Wasser, ¼ l Milch, 1 Eßl. süße Mandeln, gehackt, 30 g Butter, 2 Eßl. Zucker, Prise Salz, ½ Teel. Ro-

*senwasser oder 3 Rosenblütenblätter, ungespr., 2 Ei-
gelbe, 1 Eßl. Stärke*

Kürbis mit Salz und Zucker aufsetzen, zum Kochen bringen,
garkochen, dann durchgießen, Kürbisfleisch durch ein Sieb
drücken.

Zu der passierten Kürbissuppe nun die Milch zugießen und wieder auf den Herd setzen, Mandeln und Rosenwasser zugeben,
aufkochen. Die Stärke in etwas Wasser anrühren und die Kürbissuppe damit andicken, die Flocke Butter unterrühren. Topf
vom Herd zurückziehen und die in wenig Milch zerquirlten Eigelbe unterrühren.

Geschmacklich prüfen, ob noch mit Zucker oder Prise Salz nach-
gebessert werden muß.

Verfeinerungsmöglichkeit: halbe Tasse süße Sahne unterziehen.

Sofern man kein Rosenwasser hat, läßt man in den Kürbisstük-
ken anfangs des Kochens etwa 3 große Rosenblütenblätter mitkochen, diese müssen dann aber von ungespritzten Blüten sein.

Ostpreußischer Rumtopf *Im Juni anfangen!*

Rezept:

die Früchte werden in der Reihenfolge der Erntezeit eingelegt.
Faustregel ist es, auf 500 g Früchte 250 g Zuckerraffinade zu
nehmen und soviel 54%igen Rum, daß die Früchte jeweils in
Fingerdicke vom Rum überdeckt sind.

Man beginnt im Juni mit:

*500 g Erdbeeren und 250 g Zucker und 0,4 l Rum,
54%;*
*Juli: 250 g Aprikosen, 250 g rote Johannisbeeren,
250 g schwarze Johannisbeeren, 200 g Rhabarber-
stücke, 200 g Rosinen, 250 g Kirschen, 0,5 l Rum,
54%, 700 g Zucker;*
*August: 250 g Pfirsichspalten, 250 g Nektarinen-
hälften, 250 g Stachelbeeren, 250 g Pflaumen, 250 g
Mirabellen, 250 g Reineclauden, 250 g Sauerkirschen, 975 g Zucker, Rum aufgießen, so daß er fingerdick übersteht;*
September: 250 g Honigmelonenstücke, 250 g Prei-

selbeeren, 250 g Zwetschen, 250 g Birnenviertel,
500 g Zucker, Rum fingerdick überstehend;
1 Stückchen Stangenzimt, ½ aufgeschlitzte Vanille-
schote, 1 Stückchen kandierten Ingwer

Selbstredend werden die Früchte gewaschen, abgetropft und, wo notwendig, zerkleinert, eingelegt.

[handschriftliche Notiz: damalige Soppku im Floaden wir binden Omo]

Ostpreußische Sauerampfersuppe

4 Personen

700 g Rindfleisch ohne Knochen, 150 g Suppen-
grün, geputzt und geschnitten, 1 Tasse saurer Sahne,
40 g Mehl, 600 g Sauerampfer, verlesen und gewa-
schen (hilfsweise Spinat), 1 Teel. Liebstöckel, ge-
hackt, 1 KL Zucker, 1 Eßl. Zitronensaft, 1 Eßl.
Butter, 2 Eigelbe, 4 Eier

Rindfleisch in kaltem Salzwasser ansetzen, beim ersten Aufkochen abschäumen, dann das Suppengrün zugeben und ohne Deckel während 1½ Stunde ca. weichkochen lassen. Die Brühe durchgießen, das Rindfleisch in Würfel von ca. 2 × 2 cm schneiden, bereitlegen.

Den abgetropften Sauerampfer auf dem Brett feinhacken, in die kochende Brühe (1 Liter) geben und darin mit dem Liebstöckel während 10 Minuten kochen lassen.

Mehl in der Sahne anrühren, damit die Suppe eindicken, Flocke Butter und die zerquirlten Eigelbe unterrühren und sofort zurückziehen. Die warmen Fleischwürfel einlegen, umrühren, abschmecken mit Salz, Prise Zucker, Zitronensaft.

In einem viertel Liter Salzwasser mit 3 Eßl. Essig, das kochen muß, schlägt man nacheinander die 4 Eier ein und läßt darin während 6–7 Minuten verlorene Eier kochen.

Man richtet die Sauerampfersuppe in Tellern an und legt in jeden Suppenteller ein abgetropftes, verlorenes Ei. Den Rest der Suppe trägt man in der Terrine auf!

Rehkeule mit Waldmeisterkraut

4 Personen *Wir trink Lorbass von Lötzen*

1,5 kg Rehkeule mit Knochen, 100 g fetten Spick-
speck, 100 g küchenfertiges Suppengrün, grob zer-
schnitten, Speckschwartenreste, 50 g Schmalz, 1/8 l
saure Sahne, 1/2 Zitronensaft, 2 Eßl. Mehl, Salz und
Handmühlpfeffer;
zur Einlegebeize: 3 Tassen Rotwein, 1/2 Tasse Essig,
1 Sträußchen Waldmeister (hilfsweise Essenz),
1 Lorbeerblatt, 5 Wacholderbeeren und 5 Gewürz-
körner

Die enthäutete gespickte Rehkeule 2–3 Tage in einer Beize von
Rotwein und Essig einlegen, die Gewürze und das Waldmeister-
sträußchen darin miteinlegen.
Am Tage der Zubereitung die Rehkeule gut abtropfen lassen,
mit Salz und Pfeffer einreiben, im vorgeheizten Ofen das
Schmalz in der Pfanne heiß werden lassen, die Rehkeule einlegen und unter öfterem Wenden allseitig anbraten, dann die
Speckreste und das Wurzelwerk mit anrösten lassen, wenn dies
geschehen ist, etwas von der Rotweinbeize angießen. Die Rehkeule während des Bratens fleißig begießen. Die Rehkeule nur
soweit braten, daß sie am Knochen noch rosa ist, nicht ganz
durchbraten, dann herausnehmen und zugedeckt warmhalten.
Den Bratsatz mit weiterer Rotweinbeize ablöschen, umrühren,
die Sahne zugießen und gut durchkochen lassen.
Zum Schluß die Wildsauce mit dem angerührten Mehl sämig
binden. Abschmecken mit Salz, Handmühlpfeffer, Zitronensaft
und Prise Zucker. Die Wildsauce mit dem lieblichen Waldmei-
stergeschmack durchseihen und warmstellen. Damit später die
Bratentranchen maskieren.
Als Beilagen eignen sich Maronen, Waldpilze, Feldkohl, Kartoffeln und auch Keilchen.

Rigaer Stopfkuchen

Im Baltikum, wo von jeher deutsche Minderheiten angesiedelt
waren, gab es zum Fest, zu Ostern und Weihnachten, den herr-

lichen Rigaer Stopfkuchen, der soviel Ähnlichkeit mit dem russischen Piroggen hat. Dazu eine kräftige, gehaltvolle Tasse Rinderbrühe reichen, ein köstlicher Genuß.

4 Personen

300 g gesiebtes Mehl, 35 g frische Hefe, 1 Ei, ca. ¹/₂
Tasse lauwarmer Milch, Prise Salz, 50 g Butter;
Füllung: 400 g Kalbfleisch und 1 entfettete Kalbs-
niere, 1 Zwiebel, gewürfelt, ¹/₂ Eßl. Zitronensaft,
1 Eßl. Kapern, gehackt, 2 Sardellenfilets, gehackt,
1 ganzes Ei, Salz und Pfeffer

Hefe in der lauwarmen Milch auflösen, Mehl in eine Schüssel geben, in der Mitte mit der Milchhefe ein Hefestück anrühren, Salz, Ei und Butterflocken auf den Mehlrand legen, zudecken, auf das Doppelte gehen lassen. Dann alle Zutaten zu einem Teig verkneten, wieder zudecken und an warmem Ort gehen lassen.
Zuvor Kalbfleisch und Nieren würzen, mit Salz und Pfeffer in heißer Butter anbraten, leicht mit Wasser angießen und in kurzem Fond zugedeckt während ca. 45 Minuten gardünsten, Fleisch und Niere durch feine Wolfscheibe drehen.
Zwiebelwürfel anschwitzen und mit den übrigen Zutaten unter das Gehäck rühren, als letztes das Ei unterrühren, abschmecken mit Salz und Pfeffer.
Nun von dem gegangenen Hefeteig, der ausgerollt wurde, 1¹/₂ cm dicke runde Plätzchen ausstechen. Auf jedes Plätzchen gibt man ein Häuflein von der Füllung und drückt darauf ein freies Plätzchen fest, so daß man ein gefülltes Brötchen erhält. Das läßt man wieder an warmem Ort aufgehen. Die Stopfkuchen werden in heißem Butterschmalz schwimmend von beiden Seiten goldgelb ausgebacken, heiß serviert!

wenn Frau kann's gut brocken

Schmantkartoffeln

4 Personen

800 g erkaltete, abgeschälte Pellkartoffeln in Schei-
ben, 45 g Butter, 2 Eßl. Zwiebelwürfel, ¹/₄ l saure
Sahne, 2 Eßl. geschnittene Dillspitzen; zum Würzen
Salz, Pfeffer, Prise Zucker und 1 Eßl. Zitronensaft

126

Die Zwiebelwürfel in der Butter glasig anschwitzen, die kalten Pellkartoffelscheiben zugeben und ganz leicht unter einigem Schwenken Farbe nehmen lassen, dann mit dem Sauerrahm übergießen und unter öfterem Umrühren andicken lassen; falls erforderlich, etwas Wasser zugießen. Wenn die Kartoffeln gut durchgehitzt sind, abschmecken mit Salz, Pfeffer, Prise Zucker und Zitronensaft.

Ganz zum Schluß die Dillspitzen unterrühren, damit sie schön grün bleiben.

Als Beilage zu diesen Kartoffeln eignen sich vorzugsweise Rauchfleisch, Katenschinken, geräucherter Hirschschinken, Casseler, aber auch Kochschinken oder Bratenreste vom Vortage.

Schmorkohl nach Ostpreußenart

Ein typisch ostpreußisches Gemüse, das auch besonders gern zur Winterszeit, namentlich zu Wildgerichten, verzehrt wurde. Wenn die Jagd aufging und die Jäger das Halali zur Treibjagd bliesen, dann war auch die richtige Zeit für den Schmorkohl angebrochen. Besonders geräucherter Hase schmeckt gut dazu, und man fragt sich, warum diese Zubereitung überhaupt in Vergessenheit geraten konnte.

4 Personen

850 g küchenfertig gesäuberten Weißkohl, in feine Streifen geschnitten, 60 g Gänseschmalz, hilfsweise Schweineschmalz, 3 säuerliche Äpfel, geschält, entkernt, in Spalten geschnibbelt, 1 Zwiebel in Würfeln, 1 Teel. gerebbelten Majoran (Meiran), 1 Eßl. Mehl; zum Würzen Salz, Pfeffer, Zucker und Zitronensaft

Das Schmalz im Topf heiß werden lassen, Zwiebel und Apfelspalten darin glasig anschwitzen, den gewaschenen abgetropften Kohl und Salz zugeben, dann zugedeckt Wasser ziehen lassen und, soweit notwendig, ein wenig Wasser angießen. In diesem kurz gehaltenen Fond den Kohl zugedeckt weichschmoren lassen.

Man schmeckt den Kohl herzhaft süßsauer mit Salz, Pfeffer,

127

Prise Zucker und Zitronensaft ab, zuletzt den gerebbelten Meiran zugeben, dann das angerührte Mehl unter das Kohlgemüse rühren und noch einige Minuten ziehen lassen.
In Ostpreußen aß man diesen Schmorkohl besonders gern zu Gänsebraten, Schweinebraten, Hasenbraten, Bratwurst und Bratklopsen.
Seine richtige Würze hat der Kohl erst beim zweiten Aufwärmen, ein Hauch von Masuren.

* En Morgentrost!*

Schusterauflauf

Wie in anderen deutschen Landen, hatten auch die ostpreußischen Hausfrauen ihre bewährten Reste- und Spargerichte zur Hand, wenn es galt, im Haushalt Geld oder Zeit zu sparen. Und da man die nötigen Zutaten sowieso in der reich gefüllten Speisekammer im Vorrat hatte, waren solche Gerichte kein Problem.

4 Personen

800 g erkaltete, abgepellte Pellkartoffeln in Scheiben, 50 g gewürfelten mageren Rauchspeck, 250 g Bratenreste vom Vortag, 3 Eßl. Zwiebelwürfel, 2 Salzheringe, gewässert, entgrätet, abgezogen, in Würfeln, 2 Tassen Schmorkohl vom Vortage (Weißkohl, süßsauer abgeschmeckt), 3/8 l saure Sahne, 30 g Butter, 30 g Parmesankäse; zum Würzen Salz und Pfeffer

In der Stielpfanne die Speckwürfel anbraten, dann darin die Kartoffelscheiben unter öfterem Schwenken anbraten und mit Salz und Pfeffer würzen. Wenn die Kartoffeln Farbe genommen haben, beiseiteziehen.
Eine Auflaufform ausbuttern, zuunterst eine Lage Bratkartoffeln einfüllen, darauf eine Schicht Schmorkohl, gewürfelte Bratenreste, Heringswürfel und Zwiebelwürfel verteilen, dann wieder eine Schicht Bratkartoffeln und so verfahren, bis alles verbraucht ist, zum Schluß obenauf mit einer Schicht Bratkartoffeln abschließen.
Nun die saure Sahne über den Auflauf gießen, obenauf mit Butterflöckchen belegen und abschließend den Parmesankäse darüber streuen.

128

Im vorgeheizten Ofen von 220 Grad auf Mittelschiene während 40 Minuten ausbacken und dann servieren.

Wer das Gericht noch vervollkommnen will, kann grünen Salat mit viel Dillspitzen dazu reichen. Der Schusterauflauf war in Ostpreußen, besonders in den Küstenlandstrichen, beliebt und populär.

Schmantwaffeln

Für Sonntagmorgen Herz

4 Personen

300 g gesiebtes Mehl, 200 g Butter, 7 Eier, 3/8 l süße Sahne, 1 Teel. Salz, 1–2 Eßl. Zucker, Strich abgeriebene Zitronenschale, Prise Muskatblüte, 100 g Puderzucker

Die Sahne heiß stellen. Die ausgeschlagenen Eier in eine Rührschüssel geben und darin mit dem Schneebesen schaumig rühren. Die Butter auf dem Herd zerlassen.

Das gesiebte Mehl unterrühren, in die Eiermasse einrieseln lassen, die zerlassene Butter ebenfalls darunterrühren, die Sahne ebenfalls heiß unter die Waffelmasse rühren. Salz, Zucker und Zitronenschale darangeben und die Masse ist fertig.

Ein Waffeleisen pinselt man nun mit Speiseöl aus und bäckt darin Waffeln goldbraun aus, die, mit Puderzucker bestäubt, sofort heiß gegessen werden.

Stint gebacken oder gebraten

Andernorts auch unter dem Namen Spierling oder Alander bekannt. Der Fisch erreicht eine Länge von 15–20 Zentimetern und wurde früher auch als Garnitur zu größeren Fischen verwendet. Paniert und gebacken, gab er in Ostpreußen auch für sich allein ein beliebtes und begehrtes Gericht. Stinte werden durch die Kiemen ausgenommen und sonst nur mit einem weichen Tuch von außen abgewischt. Der Fisch wurde maaßweise feilgeboten, die Könichsbarjer Fischfrauen priesen sie den Hausfrauen ausrufend an: »wie is es mit e Maaß'che Stint?«

4 Personen

1 Maaß'che Stinte (ca. 1000 Gramm), Salz, Pfeffer und Zitronensaft

Die Stinte salzen, pfeffern und mit Zitronensaft beträufeln, dann in Mehl, Ei und Semmelbrösel panieren und in heißer aufsteigender Butter allseitig goldbraun braten. Dazu paßt Kartoffelbrei, Schmandsalat und ein Glas Buttermilch. Für Opa gab es dazu ein Tulp'che Bier.

Auf andere Art!
Gebraten: 150 g gewürfelter, magerer Rauchspeck, 50 g Zwiebelwürfel, 50 g Mehl, ⅛ l saure Sahne, Salz, Pfeffer, Prise Zucker und Zitronensaft, 1000 g Stinte

Die gesäuberten Stinte salzen, pfeffern und mit Zitronensaft säuern, danach in Mehl wälzen.
Auf der Pfanne die Speckwürfel ausbraten und die Stinte nach und nach darin knusprig braun braten, die Stinte dann in eine vorgewärmte Schüssel legen. In dem Speckfett nun die Zwiebelwürfel mit anschwitzen, dann mit 1 Eßl. Mehl eine Schwitze bereiten, die saure Sahne zugießen und glattrühren. Abschmecken mit Salz, Pfeffer, Zitronensaft und einer Prise Zucker. Diese Sauce mit Kartoffelbrei zu den Stinten auf die Tafel stellen.

Silvester-Purzel

Wort un Vergnögn!!

Zur letzten Nacht des Jahres verzehrte man in Ostpreußen seine Purzel zum Punsch wie man in Berlin seine Berliner (Pfannkuchen) oder in Schlesien seine Moh-Kließla (Mohnklöße) aß. Silvester-Purzel essen, das war unvergängliche Tradition, egal ob in Kurland, Samland, Masuren, Pillkallen oder sonstwo.

4 Personen

500 g gesiebtes Mehl, 45 g zerbröckelte Frischhefe, ¼ l lauwarme Milch, 3–4 Eier, 110 g Zucker, 110 g Butter, Prise Salz;
zum Ausbacken: ca. 1½ Pfund Schweineschmalz

Das gesiebte Mehl in einer Schüssel mit Vertiefung in der Mitte anrichten. Nebenher die Hefe mit etwas Zucker in der lauwarmen Milch auflösen. Mit der Hefemilch in der Mehlmitte ein Hefestück anrühren, mit Mehl bestäuben, die übrigen Teigzutaten auf den Mehlrändern verteilen, zudecken und das Hefestück bis zum Doppelten aufgehen lassen.

Dann die Zutaten zu einem Teig verarbeiten, denselben tüchtig kneten und schlagen, bis er Blasen wirft.

Das Backfett im Fritüretopf auf 180 Grad Backtemperatur erhitzen, mit dem Eßlöffel die Purzeln aus dem Teig abstechen und in das Backfett gleiten lassen. Darin mit dem Holzlöffel wenden und goldbraun ausbacken lassen, herausnehmen, vom Fett abtropfen lassen, mit Puderzucker bestäuben und sogleich heiß zum Punsch servieren.

Eine Erinnerung an ostpreußische Nächte!

Wellfleisch nach Baltischer Art

4 Personen

500 g mageren Schweinebauch, 200 g geräucherten Magerspeck, 900 g Sauerkraut, 1 Zwiebel, gewürfelt, 1 Teel. Kümmel, 1/2 Tasse saurer Sahne, 1 KL Majoran, 1 Eßl. Zucker, 1 mittlere geschälte Kartoffel, gerieben, Salz und Pfeffer

Bauch und Magerspeck in einen Topf legen, knapp mit kaltem Wasser bedecken, ohne Salz ansetzen und zum Kochen bringen, dann das aufgelockerte Sauerkraut und Kümmel zugeben, zudecken, langsam garkochen lassen, was ca. 3/4–1 Stunde währt. Das Fleisch dann herausnehmen und warmlegen. Falls zuviel Flüssigkeit auf dem Kraut, davon etwas abgießen.

Das Kraut nun mit der geriebenen Kartoffelmasse unter Umrühren andicken, die Sahne unter das Kraut rühren, mit Salz, Pfeffer und Zucker pikant würzen.

Man richtet das Kraut auf Tellern oder Platte an, legt Scheiben von Bauch und Magerspeck darüber und legt als Sättigungsbeilage Salzkartoffeln an.

Wiefke, auch Bäbb genannt

Torkort darzü

4 Personen

1000 g geschälte rohe Kartoffeln, 250 g geräucher-
ten Magerspeck, 170 g Mehl, 1 Eßl. Majoran,
1 große Zwiebel, gewürfelt, 50 g Schweineschmalz;
zum Würzen Salz und Handmühlpfeffer

Die rohen geschälten Kartoffeln reiben. Sobald sich in der
Schüssel das Kartoffelwasser abzusetzen beginnt, mit dem Löffel
soviel abschöpfen, daß man zusammen mit dem Mehl einen
nicht zu flüssigen Kartoffelteig anrühren kann.
Man würzt den Kartoffelteig mit Salz, Pfeffer, Majoran und den
Zwiebelwürfeln.
Inzwischen hat man auch den Ofen auf 220 Grad vorgeheizt.
Man fettet ein Backblech, evtl. mit Rand, mit dem Schmalz ein
und streicht die Kartoffelmasse 1 $^1/_1$ bis 2 cm dick auf das Blech.
Den Magerspeck entschwartet man und schneidet davon Schei-
ben, die man gleichmäßig auf den Kartoffelkuchen legt.
Das Blech in die Mittelschiene des vorgeheizten Ofens schieben
und ausbacken, die Backzeit beträgt ca. $^3/_4$–1 Stunde.
Nach dem Herausnehmen in rechteckige Stücke schneiden, der
ostpreußische Kartoffelkuchen wird heiß gegessen.
Das Gericht hat Ähnlichkeit mit dem Berliner Kartoffelpuffer.

Wildenten gebraten

4 Personen

2 Wildenten, gerupft, ausgenommen, gesäubert,
küchenfertig, das Klein davon gehackt zum An-
rösten in der Sauce. 1 Zitrone, geschält und in
Scheiben geschnitten, 1 Lorbeerblatt, 6 zerdrückte
Wacholderbeeren, 2 Zwiebeln, grob zerschnitten,
2 große geputzte Möhren, grob zerschnitten, 3 Ei-
gelbe, Salz und Pfeffer, 125 g Butter

Die Enten innen und außen mit Salz und Pfeffer einreiben. Butter in der Ofenpfanne im vorgeheizten Ofen von 200 Grad heiß

werden lassen, die Enten darin einlegen und im Ofen bei öfterem Wenden und Begießen von allen Seiten goldbraun anbraten lassen. Nun die Gewürze, Möhren und Zwiebeln sowie einige Zitronenscheiben hinzugeben und ebenfalls mit anrösten lassen, dabei öfters umrühren, auch die Gewürze zugeben.

Den Bratsatz und das Geröst mit ³/₈ Liter Wasser oder Fleischbrühe ablöschen.

Die Wildenten zuletzt mit der Brust nach oben weichbacken lassen. Auf den Keulen die Daumendruckprobe machen.

Die garen Wildenten herausnehmen, halbieren der Länge nach und auf den Innenseiten die Knöchelchen ausbrechen, diese in der Bratensauce mit auskochen lassen.

Die Sauce dann durch ein Sieb gießen, im Topf nochmals auf den Herd setzen und leicht kochen lassen, abschmecken mit Salz, Pfeffer und einem Schuß Rotwein. Die zerquirlten Eigelbe unter die Sauce rühren und sofort zurückziehen.

Sauce in Sauciere extra reichen, als Beilagen eignen sich alle Arten von Feldkohl, Waldpilze, Maronen, Kartoffelmus.

Auf jede halbe Wildente eine Scheibe Zitrone legen.

Wen hernach fött Tilsiter Käs genommen, da fött de Klops nöck zurück komm komm.

Zwiebelklops

4 Personen

700 g Roastbeef ohne Sehne, in pom. frit.-große Streifen geschnitten, 200 g Zwiebeln, in Scheiben geschnitten, 50 g Butter, 1 Tasse saurer Sahne, 1 KL Stärke, 1 KL Rosenpaprika, edelsüß, Salz und Pfeffer

Die Zwiebelscheiben in kleiner Kasserolle mit wenig Salzwasser zugedeckt während 5–10 Minuten weichdünsten.

Die Fleischstreifen salzen und pfeffern, in der Pfanne in heißer Butter kurz und scharf anbraten, was ca. 5–7 Minuten dauert, dann das Fleisch in einer vorgewärmten Servierschüssel oder Keramikgeschirr warmstellen. Die abgetropften Zwiebeln über das Fleisch verteilen. Den Bratsatz in der Pfanne mit der sauren Sahne ablöschen, aufkochen lassen, den Paprika unterrühren, mit der angerührten Stärke andicken, herzhaft mit Salz und Pfeffer würzen, über das Fleisch gießen und heiß zu Tisch bringen.

Es war in Danzig und Ostpreußen üblich, als weitere Beilage süßsauer abgeschmecktes Weißkohlgemüse und Salzkartoffeln zu reichen.

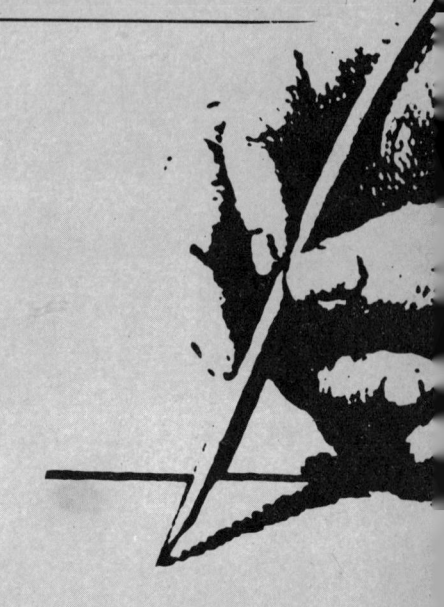

Oh,
wenn der Magen
nun ein Loch hat!

Inhalt und Impressum

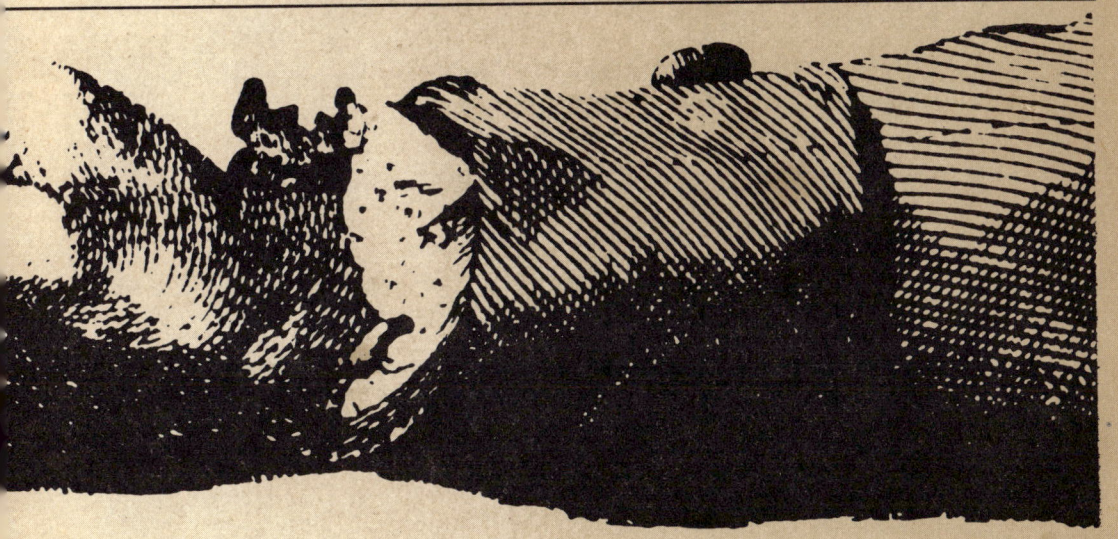

5. Heimatgerichte aus Ostpreußen, ehemaligem Memelland, Freier Stadt Danzig und Baltendeutschen Minderheiten

Liebe Leserin, lieber Leser,

als wir vor anderthalb Jahren das „Kochbuch aus dem Münsterland"
machten, ahnten wir nicht, welche Resonanz ein landschaftsbezogenes
Kochbuch mit den bodenständigen Rezepten unserer Eltern und Groß-
eltern haben kann. Nun, die Resonanz hat eine Reihe mit nun 13 Titeln
hervorgebracht.

Bei der Arbeit an diesen Kochbüchern westdeutscher Landschaften
stießen wir immer wieder auf Rezepte, die ihren Ursprung in der
reichen Küche der ehemals deutschen Ostlandschaften haben, und
auch aus den Reihen unserer Leser erreichten uns mehrfach Bitten,
diese Gebiete nicht zu vergessen.

In dem Autoren unseres „Kochbuch aus Berlin", Herrn Fritz Becker,
fanden wir einen hervorragenden Kenner nicht nur der Küche, sondern
auch der Landschaften, ihrer Eigenarten und Histörchen. Unser
besonderer Dank gebührt ihm, der seine Sammlertätigkeit so ernst
nahm, daß wir nun gleich zwei Kochbücher der alten Ost-Landschaften
auflegen konnten. Der vorliegende Band wird durch „Das Kochbuch
aus Thüringen, Sachsen und Schlesien" in hervorragender Weise
ergänzt.

Dank gilt natürlich auch den vielen anderen, die dieses Buch erst
möglich gemacht haben; Antje Vogel-Steinrötter für die kleinen Rand-
bemerkungen; Wolfgang Förster für die allgemeine Koordination und
den Mitarbeitern der Druckerei Cramer für die Herstellung.

Sollten Sie, liebe Leser, Verbesserungen, Gedanken oder Kritik an
diesem Buch haben, bitten wir Sie, uns zu schreiben. Wir werden
Ihre Anregungen gerne bei der nächsten Auflage verwerten, denn was
kann „gerade in der Küche" nicht noch verbessert werden?

Guten Appetit

In unserem Verlag sind erschienen: